GLOBALIZAÇÃO E PROCESSOS DE INTEGRAÇÃO

SÉRIE SISTEMA ECONÔMICO, SUSTENTABILIDADE E GESTÃO

EDITORA
intersaberes

Eduardo Biacchi Gomes

EDITORA
intersaberes

Rua Clara Vendramin, 58 . Mossunguê . Cep 81200-170 . Curitiba . PR . Brasil
Fone: (41) 2106-4170 . www.intersaberes.com . editora@editoraintersaberes.com.br

Conselho editorial Dr. Ivo José Both (presidente), Dr³ Elena Godoy, Dr. Neri dos Santos, Dr. Ulf Gregor Baranow ▪ **Editora-chefe** Lindsay Azambuja ▪ **Gerente editorial** Ariadne Nunes Wenger ▪ **Preparação de originais** Fabia Mariela De Biasi ▪ **Edição de texto** Fabia Mariela De Biasi e Caroline Rabelo Gomes ▪ **Capa** Luana Machado Amaro ▪ **Projeto gráfico** Mayra Yoshizawa ▪ **Diagramação** Luana Machado Amaro ▪ **Equipe de *design*** Luana Machado Amaro ▪ **Iconografia** Celia Suzuki e Regina Claudia Cruz Prestes

Dados Internacionais de Catalogação na Publicação (CIP)
(Câmara Brasileira do Livro, SP, Brasil)

Gomes, Eduardo Biacchi
   Globalização e processos de integração/Eduardo Biacchi Gomes. - Curitiba: InterSaberes, 2020. (Série Sistema Econômico, Sustentabilidade e Gestão)

   Bibliografia.
   ISBN 978-65-5517-658-2

   1. Globalização 2. Globalização - Aspectos culturais 3. Globalização - Aspectos econômicos 4. Globalização - Aspectos sociais 5. Integração econômica internacional I. Título. II. Série.

20-37068   CDD-337.1

Índices para catálogo sistemático:
1. Globalização e integração: Economia 337.1
Cibele Maria Dias - Bibliotecária - CRB-8/9427

1ª edição, 2020.

Foi feito o depósito legal.

Informamos que é de inteira responsabilidade do autor a emissão de conceitos.

Nenhuma parte desta publicação poderá ser reproduzida por qualquer meio ou forma sem a prévia autorização da Editora InterSaberes.

A violação dos direitos autorais é crime estabelecido na Lei n. 9.610/1998 e punido pelo art. 184 do Código Penal.

Sumário

7 ▪ Apresentação

Capítulo 1
9 ▪ **A globalização em suas múltiplas dimensões**
11 | Conceito e ideias gerais
27 | Vertente econômica: causas e consequências
34 | Globalização e as relações entre países do hemisfério Norte e países do hemisfério Sul

Capítulo 2
43 ▪ **A importância do comércio internacional na atualidade**
45 | Histórico e teorias do comércio internacional
68 | Comércio internacional: pós-guerra até os dias atuais
72 | Conferência de Bretton Woods e instituições criadas

Capítulo 3
83 ▪ **Multilateralismo e regionalismo econômico**
85 | Multilateralismo na OMC e regionalismo nos blocos econômicos
98 | OMC: competência, normas e estrutura
113 | Sistema de Solução de Controvérsias da OMC

Capítulo 4
145 ▪ **Blocos econômicos**
147 | Conceito e estágios da integração regional
157 | União Europeia
178 | Mercosul
193 | Acordo comercial entre União Europeia e Mercosul
200 | Outros blocos econômicos e processos de integração

211 ▪ *Considerações finais*
215 ▪ *Referências*
227 ▪ *Sobre o autor*

Apresentação

Com esta obra, nosso objetivo é fornecer, a leitores diversos, alunos de graduação e atuantes no comércio internacional, análises e informações a respeito da globalização e dos processos de integração.

Temas tão complexos e interdisciplinares são ora abordados de maneira esquematizada e ilustrativa, com conteúdo estruturado por meio de quatro capítulos interligados.

No Capítulo 1, analisamos de forma macroscópica a globalização, enfatizando suas variadas dimensões – econômica, social, cultural, entre tantas outras –, com vistas a delimitar a ideia geral desse processo, suas principais influências no comércio internacional e as relações existentes no hemisfério Norte e no hemisfério Sul.

No Capítulo 2, evidenciamos o comércio internacional, destacando sua importância, seu histórico e as modificações advindas do período pós-guerra. Além disso, abordamos o regime jurídico econômico-financeiro internacional resultante da Conferência de Bretton Woods (1944) e os correlatos Acordos de Bretton Woods.

No Capítulo 3, a Organização Mundial do Comércio ganha especial análise, com destaque para seus antecedentes históricos e sua estrutura. Também tratamos do Sistema de Solução de Controvérsias como mecanismo de resolução de lides comerciais internacionais, bem como dos desafios enfrentados nos dias atuais relativos a esse tema.

Por fim, no Capítulo 4, apresentamos os principais blocos econômicos, esclarecendo os respectivos conceitos, estágios de integração e atualidades. Mais especificamente, dois blocos econômicos ganham especial ênfase: a União Europeia, considerada o bloco mais desenvolvido em termos de integração regional, e o Mercosul, bloco no qual o Brasil é Estado-membro atuante. Além disso, tratamos dos principais aspectos relacionados ao acordo comercial entre União Europeia e Brasil, finalizado em 2019.

Vale ressaltar que este livro reúne, além do arcabouço teórico, diversos fatos, imagens e atualidades, no intuito de despertar no leitor uma visão crítica sobre as teorias construídas, a fim de que possa elaborar e propor soluções às questões pertinentes aos temas.

Capítulo 1

A globalização em suas múltiplas dimensões

Neste primeiro capítulo, nossa análise é dedicada à globalização, compreendida como fenômeno e processo dotado de variadas dimensões (econômicas, sociais, culturais, entre outras). Para o entendimento de um tema tão complexo e presente no cotidiano atual, é primordial realizar uma análise geral da globalização, delineando suas ideias centrais. Com efeito, inicialmente, ressaltamos que a globalização é tema que não pertence a uma área específica do saber, ou seja, é interdisciplinar.

Desde logo, frisamos que não há um conceito único e fixo de globalização. Na realidade, trata-se de um processo que pode ganhar diversos enfoques pela teoria, em que pese ser possível elencar certos pontos de convergência entre os posicionamentos ora existentes.

No mais, registramos que a perspectiva aqui adotada é de continuidade do processo globalizatório, como fenômeno que não surge a um só tempo e em data certa, mas que ocorreu ao longo de toda história, com alguns acontecimentos e momentos considerados primordiais para sua apreensão.

Nosso estudo também se concentra no critério econômico globalizatório, com a tentativa de elucidar suas principais causas e consequências, para, então, analisarmos pormenorizadamente o liame entre globalização e questões como a desigualdade e as assimetrias presentes nas relações entre hemisfério Norte e hemisfério Sul.

O objetivo central deste capítulo é elucidar a globalização como realidade presente e atuante nas relações diversas da sociedade, com enfoque à análise da globalização em sua vertente econômica e dos efeitos desta para as relações comerciais, destacando as principais problemáticas enfrentadas.

Salientamos que nosso objetivo maior é facilitar a abordagem da globalização e dos processos de integração. Para isso, valemo-nos de uma aproximação sumarizada da teoria e da prática, evidenciada nas perspectivas da história, da ciência econômica (economia), das relações internacionais e do direito.

— 1.1 —
Conceito e ideias gerais

Um dos mais importantes temas de influência no comércio internacional e de impactos aos processos integracionistas é a denominada *globalização*, considerada, desde muito, assunto do dia e palavra da moda, capaz de se transformar rapidamente em um lema, em uma encantação mágica ou em um destino irremediável (Bauman, 1999).

Portanto, é preciso entender a acepção de tal termo, seu significado nos dias atuais e, sobretudo, seus impactos para o estudo do comércio internacional e para os processos de integração.

Contudo, não há um conceito fixo e único de globalização, nem há uniformidade teórica sobre seu surgimento. Há, até mesmo, teorias que defendem que o Estado nada pode fazer e nada deve interferir diante de um fenômeno que seria, na realidade, natural e inevitável à humanidade.

Ainda assim, há pontos em comum que não podem ser negados quando se trata do tema, de modo que, longe de elucidar pormenorizadamente todos os conceitos empregados para o termo *globalização*, cumpre conhecer esses pontos de convergência.

Certo é que já se sente que os dias passam mais rápido, há mais facilidade para as mobilidades aérea, marítima ou mesmo terrestre, bem como há maior expansão comercial e de intercâmbio de pessoas. Atire a primeira pedra, nesse sentido, quem nunca cogitou ou mencionou, no cotidiano, que o tempo parece transcorrer mais rápido, demandando cada vez mais energia.

Assim, não pode a globalização ser negada na condição de agente de mudanças nos mais variados aspectos cotidianos. A globalização pode ser compreendida como concepção multi e interdisciplinar, que não pertence a uma área do saber em específico, sendo objeto de estudo das mais diversas searas, cada qual relevante para captar as causas e as consequências de um processo multifacetado.

Da mesma forma, *globalização* não é um termo relacionado tão somente à economia mundial, visto que se trata de fenômeno que culmina por trazer consequências sociais múltiplas.

A seguir, a Figura 1.1 mostra a Times Square, rua de Nova York, nos Estados Unidos, com intenso fluxo turístico, comercial e negocial. É conhecida como "Cidade dos Negócios" e representa a crescente influência globalizatória no âmbito tanto local quanto mundial.

Figura 1.1 – Times Square, Rua de Nova York, Estados Unidos

Nesse contexto, de acordo com as lições de Luiz Carlos Delorme Prado (2003), há quatro linhas básicas de interpretação para o termo *globalização*:

1. globalização como uma época histórica;
2. globalização como um fenômeno sociológico de compressão do espaço e do tempo;
3. globalização como hegemonia dos valores liberais;
4. globalização como fenômeno socioeconômico.

À medida que passa o tempo, outras tantas concepções podem ser enaltecidas. Assim, a título exemplificativo, acrescente-se, contemporaneamente (ou seja, após o período da Segunda Guerra Mundial), a perspectiva ambientalista da globalização como fenômeno propulsor de degradação e de poluição no ambiente e de um crescimento econômico exacerbado (Jackson, 2013). Tal concepção é, sobretudo, elucidada em fatos como o aquecimento global, a ausência de uniformidade nas políticas ambientais entre os Estados e a existência de um regime jurídico ainda voltado às normas de *soft law*, sem maiores sanções no descumprimento (Dupuy, 1990). Na teoria, sobressaem-se enfoques denominados de *teoria verde* ou *green theory*, que contemplam a ideia de que o meio ambiente (atmosfera, rios, solo, etc.) seria um bem comum/coletivo global (*global commons*, em inglês), de concepção solidarista, ou seja, de uma sociedade internacional centrada no compartilhamento de valores, e embasado em direitos universais, conforme já estampam Constituições do âmbito da América Latina (Gomes; Gonçalves, 2018).

Para saber mais ———————————————————

Considerada a personalidade do ano de 2019 pela imprensa – notadamente pela revista americana **Times** –, Greta Thunberg, sueca, sobressai-se como jovem ativista em prol do meio ambiente e de políticas cooperativas para a resolução de problemas relativos ao meio ambiente.

Thunberg, inclusive, chegou a participar de encontros no âmbito das Nações Unidas, em que se discutiam problemáticas ambientais, a exemplo do aquecimento global (Cúpula da Ação Climática da ONU).

> *Vale pesquisar na internet para conhecer, ainda que de forma geral, a personalidade Greta Thunberg, considerada influência internacional na formulação de resoluções ambientais e climáticas.*

Contudo, reiteramos que o enfoque da presente obra é o estudo da globalização em sua **vertente econômica**, bem como seus impactos diretos e indiretos para o comércio internacional.

A despeito disso, na tentativa de buscar uma delimitação do termo *globalização* para fins de estudo, é possível associar, de modo genérico, a globalização a uma mudança na escala da organização social, na emergência do mundo como um compartilhado espaço social, na desterritorialização relativa a atividades sociais, econômicas e políticas e na nacionalização de poder (Bayliss; Smiths; Owens, 2017).

Inclusive, o fenômeno globalizatório pode ser impulsionador, em determinados casos e aliados a políticas e fatos históricos, de processos integracionistas e cooperativos para fins de mobilizar diferentes atores internacionais, a exemplo maior dos Estados, na busca por melhores formas de lidar com as consequências do fenômeno. É o que será visto ao longo de toda esta obra.

Ademais, salientamos que a globalização não se trata propriamente de um fenômeno recente, mas de um processo circunscrito a variados fatores históricos importantes, como ondas históricas classificadas em momentos relevantes e que causam impacto até os dias atuais.

Nesse sentido, apenas a título exemplificativo e observando-se a história mundial, podemos mencionar alguns acontecimentos cruciais para o fortalecimento da globalização, a exemplo dos que seguem nas próximas subseções.

— 1.1.1 —
Grandes Navegações e a expansão europeia (1241-1783)

O momento em que os países passaram a procurar novos mercados e novos produtos, proporcionado graças à atividade marítima, foi denominado de *Grandes Navegações* (Mahan, 1890; Tangredi, 2004)[1].

Nesse contexto, quanto ao Estado-nação como ator relevante no processo globalizatório, é preciso lembrar que foi no âmbito europeu, nesse interregno, que surgiu a figura do Estado Moderno, por meio da chamada *Paz de Westfália* (1648) e dos correspondentes Tratados de Westfália, que colocaram fim à Guerra dos Trinta Anos, com a separação definitiva entre Estado e Igreja e com a instituição da soberania dos Estados (Mello, 2004).

Acrescente-se a esse cenário o advento de revoluções políticas, que culminaram, posteriormente, no fortalecimento de valores decorrentes do Estado-nação, entre as quais se destaca a Revolução Francesa, ocorrida em 1789 (Gomes; Silka, 2012).

---

1 Sobre as Grandes Navegações e o comércio internacional, vide também Capítulo 2, Seção 2.1.

O Estado Moderno (Estado-nação), atrelado à expansão globalizatória e comercial, é considerado ponto de apogeu da história europeia (Bobbio, 2004; Schnerb, 1958).

Neste ponto, abordagens descolonialistas, com enfoque em novas epistemologias e visões do hemisfério Sul, tendem a criticar a história da globalização voltada ao mundo ocidental e, sobretudo, centralizada nas conquistas europeias (Santos; Meneses, 2010). Assim, acontecimentos históricos como o das Grandes Navegações e o descobrimento de novas terras e novos povos encontram variados debates quanto às narrativas empregadas ao longo da história.

A título exemplificativo, vejamos no Quadro 1.1, a seguir, algumas perspectivas a respeito das Grandes Navegações, cada qual à sua época.

Quadro 1.1 – Diferentes perspectivas sobre as Grandes Navegações

"Se entre os índios há bens comuns tanto para os cidadãos como para os estrangeiros, não é lícito aos índios proibir aos espanhóis a comunicação destes bens. Por exemplo, se é lícito a outros estrangeiros extrair ouro de um campo comum ou dos rios ou pescar pérolas no mar, os índios não podem proibir, mas pelo menos, do mesmo modo que para os outros, aos espanhóis lhe é lícito fazer estas coisas e outras semelhantes, contanto que não sejam prejudicados os cidadãos e os naturais do país" (Vitória, 2006, p. 96-97).	"Nossa derrota esteve sempre implícita na vitória dos outros. Nossa riqueza sempre gerou nossa pobreza por nutrir a prosperidade alheia: os impérios e seus beleguins nativos" (Galeano, 1971, p. 9).

(continua)

(Quadro 1.1 – conclusão)

"Busque Amor novas artes, novo engenho,
para matar me, e novas esquivanças;
que não pode tirar me as esperanças,
que mal me tirará o que eu não tenho.
Olhai de que esperanças me mantenho!
Vede que perigosas seguranças!
Que não temo contrastes nem mudanças,
andando em bravo mar, perdido o lenho."
(Camões, 2011, p. 43).

"Descubram-me os Açores, e a gente descobria-os, Encontrem-me a Madeira, e a gente, que remédio, encontrava-a, Encalhem-me no Brasil e tragam-mo cá antes que um veneziano idiota o leve para a Itália, e a gente trouxe-lhe ao Algarbe" (Antunes, 2011, p. 49).

"O sol chegava ao meio do céu e Peri chegava também ao rio; avistou longe a tua casa grande.

"A virgem branca apareceu.

"Era a senhora que Peri tinha visto; não estava triste como da primeira vez; estava alegre; tinha deixado lá a nuvem e as estrelas.

"Peri disse:

'A senhora desceu do céu, porque a lua sua mãe deixou; Peri, filho do sol, acompanhará a senhora na terra.'

"Os olhos estavam na senhora; e o ouvido no coração de Peri. A pedra estalou e quis fazer mal à senhora.

"A senhora tinha salvado a mãe de Peri, Peri não quis que a senhora ficasse triste, e voltasse ao céu.

"Guerreiro branco, Peri, primeiro de sua tribo, filho de Ararê, da nação Goitacá, forte na guerra, te oferece o seu arco; tu és amigo." (Alencar, 2006, p. 26).

"Para superar a condição epistemológica do Norte global [...] é imperativo ir para o Sul e aprender do Sul, não do Sul imperial (que reproduz no Sul a lógica do Norte tomada como universal), mas do Sul anti-imperial" (Santos; Meneses, 2010, p. 32).

Seja qual for o posicionamento pessoal do leitor, fato é que o comércio internacional e o fenômeno globalizatório atrelaram-se às ideias e às teorias advindas do norte do mundo, sendo as Grandes Navegações uma realidade inexorável que impactou as relações sociais e as trocas comerciais existentes até então.

— 1.1.2 —
Revolução Industrial

Outro momento histórico muito relembrado quando se trata de globalização foi a Revolução Industrial e seus impactos, sobretudo, para o comércio e a opção do modo de produção capitalista na economia.

Há, inclusive, teóricos que consideram que a globalização surgiu a partir da Revolução Industrial, cuja primeira fase ocorreu no período de 1760 a 1840, sendo processo vinculado ao modo de produção capitalista.

Neste ponto, como a Revolução Industrial e suas posteriores modificações impactaram significativamente o comércio internacional, esse evento será especificamente analisado no Capítulo 2 desta obra[12].

---

2   Sobre o tema, recomendamos a leitura do Capítulo 2, Seção 2.1.

— 1.1.3 —
Pós-Segunda Guerra Mundial e pós-Guerra Fria

Os acontecimentos do pós-Segunda Guerra Mundial, contudo, elucidam ainda mais o processo globalizatório, trazendo modificações significativas para o direito internacional e, inclusive, sendo reconhecidos para muitos teóricos como o momento de mudanças variadas. Nesse sentido, de acordo com Octávio Ianni (1994):

> Acontece que a globalização em curso no fim do século XX pode ser algo muito novo, a despeito da impressão de que parece apenas continuidade. [...]. Desde a Segunda Guerra Mundial, tem havido um crescente reconhecimento, entre sociólogos, de que a população mundial está envolvida em um único sistema social mundial. Sociedade, como tal, passa a compreender uma multidão de sociedades que, no contexto de um sistema mais amplo, podem somente encontrar uma autonomia relativa e condicionada, em grande medida como nações-estados estreitamente entrelaçados.
>
> Revertem-se perspectivas e possibilidades de ser de uns e outros, em todo o mundo. O local e o global determinam-se reciprocamente, umas vezes de modo congruente e consequente, outras de modo desigual e desencontrado. Mesclam-se e tencionam-se singularidades, particularidades e universalidades. "A globalização pode assim ser definida como a intensificação das relações sociais em escala mundial, que ligam localidades distantes de tal maneira que acontecimentos locais são

modelados por eventos ocorrendo a muitas milhas de distância e vice-versa. Este é um processo dialético porque tais acontecimentos locais podem se deslocar numa direção inversa às relações muito distanciadas que os modelam. A transformação local é tanto uma parte da globalização quanto a extensão lateral das conexões sociais através do tempo e espaço. Assim, quem quer que estude as cidades hoje em dia, em qualquer parte do mundo, está ciente de que o que ocorre numa vizinhança local tende a ser influenciado por fatores – tais como dinheiro mundial e mercados de bens – operando a uma distância indefinida da vizinhança em questão".

O advento do pós-Guerra Fria – ainda que compreendido não como um episódio apenas da história, mas como parte de um processo (Sato, 2000) – é considerado importante ao estudo do fenômeno globalizatório, já que o mundo passa a ser marcado pela multipolaridade e pela multiculturalidade, com relações humanas e comerciais mais complexas e plurais.

Cientificamente, é também o momento do surgimento de novas teorias a respeito dos mais diversos problemas causados ou enfrentados pela globalização, a exemplo da necessidade de enfrentar desigualdades cada vez mais crescentes[13] e da demanda por regulamentações jurídicas em prol de um comércio internacional mais justo[14].

---

3   Vide Seção 1.3 deste Capítulo 1.
4   Conforme mais bem explanado nos Capítulos 2 e 3 desta obra.

— 1.1.4 —
Crises políticas e democráticas na atualidade

Além dos processos históricos já abordados, na atualidade, a globalização vem enfrentando dilemas relacionados à democracia – na condição de regime político de participação do povo, apta a proporcionar um bem comum –, o que, contudo, nem sempre foi alçado no âmbito interno, ou seja, dentro de cada Estado, ou mesmo no âmbito internacional.

Como se trata de termo teórico polissêmico e amplo, apto a configurar variadas percepções, a *democracia*, atrelada a políticas específicas e práticas questionáveis, passa a constituir uma das questões de discussão em meio ao processo globalizatório (Winter; Montenegro, 2016, p. 217):

> Para Bobbio, o conceito formal de Democracia foi entendido como um método ou um conjunto de regras de procedimento para a constituição de Governo e para formação das decisões políticas, em outras palavras, decisões que abrangem toda a comunidade mais do que uma determinada ideologia (BOBBIO, 1998, p. 336). Nesse sentido, ainda, democracia, conforme a etimologia da palavra, significa governo do povo ou governo da maioria (ROSEINFIELD, 1994, p. 7).
>
> Democracia, historicamente, passa a ser um apanágio a justificar às mais variadas formas como os Estados se organizam. Durante os anos 50 e 60, no século XX, sob às bençôes

dos Estados Unidos, no combate ao comunismo, vários regimes militares se estabeleceram, todos eles sob a defesa da democracia.

A atual conjuntura política vivenciada em países como o Brasil apresenta significativa relação com diversos fatores, entre os quais a própria globalização e os correlatos posicionamentos de atores internos e internacionais diante de suas variadas consequências, que acirram assimetrias em contraposição ao ideal de igualdade pregado pelo modelo democrático de Estado.

Longe de essas questões serem inerentes apenas à América Latina, outros diversos Estados já passaram por crises políticas e democráticas ao longo das últimas décadas. Nesse sentido, a título exemplificativo, podemos citar o movimento denominado *Primavera Árabe*, tomado como revoluções impulsionadas por movimentos sociais e pelo uso de mídia digital, as quais atingiram vários países árabes e cujos efeitos ainda perduram.

Sobre esse ponto, explica Manuel Castells (2012) que essa revolução, iniciada em 2010, contou com a importante participação dos meios tecnológicos e da mídia digital, fator intrinsecamente relacionado à globalização. Nas palavras do teórico:

> A Primavera Árabe é historicamente singular porque é a primeira série de sublevações políticas em que todas essas coisas [alienação em relação ao Estado, consenso entre a população participante do protesto, defesa do movimento pela opinião pública internacional] foram digitalmente mediadas. [...].

A mídia digital desempenhou papel causal na Primavera Árabe no sentido de ter fornecido a própria infraestrutura que estabeleceu laços de comunicação e capacidade organizacional entre grupos de ativistas antes que o protesto maior tivesse lugar, e enquanto os manifestantes de rua estavam sendo formados. De fato, foi por causa dessas bem desenvolvidas redes digitais que líderes cívicos conseguiram mobilizar para o protesto um número tão grande de pessoas. (Castells, 2012, p. 123-124)

Ora, as crises políticas e democráticas, estampadas em movimentos sociais presentes na atualidade, cada vez mais se formam junto a aparatos digitais, com o intento de mobilização de pessoas em curto espaço de tempo, o que ilustra o fenômeno globalizatório multidimensional no cotidiano.

O evento histórico conhecido como *Primavera Árabe* já foi alvo de questionamentos diversos em concursos públicos, portanto, é preciso ficar atento a esse conteúdo. Nesse sentido, confira como o tema é cobrado nesses certames e procure responder à questão que segue.

Exercício resolvido

(Funcab – 2014 – SEDS-TO) "O Despertar Árabe de 2011 não conduziu a uma era de democracia, nem poderia. As instituições da sociedade civil eram muito fracas; a cultura política do vencedor-leva-tudo muito poderosa; e a crença no pluralismo demasiado incipiente." (Dennis Ross, assistente especial

do Presidente Obama para o Oriente Médio e o Sul da Ásia até 2011 e pesquisador do Instituto de Washington para Política do Oriente Próximo.) No trecho apresentado, a expressão "Despertar Árabe" se refere ao (à):
a) Estado Islâmico.
b) Invasão do Iraque.
c) Primavera Árabe.
d) Revolução Islâmica.

Gabarito oficial: c.

Comentários à questão: *Conforme já destacamos, a Primavera Árabe nada mais é do que os movimentos sociais surgidos em razão de crises políticas e democráticas enfrentadas por vários países árabes.*

Aliada às crises políticas e democráticas presentes, outros fatores hodiernos, como crises financeiras e problemas econômicos enfrentados pelos países (a exemplo maior da crise financeira de 2008 ocorrida nos Estados Unidos), podem ser trazidos à baila quando o ponto central da discussão é o processo globalizatório[15].

Por outro lado, não há como negar que novos modos cooperativos surgem ao longo do tempo com a principal finalidade

---

5 Salientamos, mais uma vez, que todos esses eventos históricos, por estarem interligados a questões comerciais e a outros momentos históricos relevantes, são também objeto de análise do Capítulo 2 desta obra.

de fornecer mais condições para o enfrentamento da globalização. Entre tais modos, encontra-se, justamente, a ideia de integração regional[16]. Nessa medida, enfatizamos que a globalização não traz apenas reflexos negativos à sociedade, mas também é processo propulsor de novas respostas e de novos laços cooperativos.

Em síntese

A globalização em suas múltiplas dimensões

- Globalização → Compreensão como processo e fenômeno gradual → Possíveis linhas básicas de interpretação (Prado, 2003):
  - globalização como uma época histórica;
  - globalização como um fenômeno sociológico de compressão do espaço e do tempo;
  - globalização como hegemonia dos valores liberais;
  - globalização como fenômeno socioeconômico.
- Outros pontos interpretativos → Questões ambientais.
- Momentos históricos relevantes ao fenômeno globalizatório:
  - Grandes Navegações e expansão europeia;
  - globalização industrial;
  - período pós-Guerra Fria;
  - crises políticas e democráticas, a exemplo maior da Primavera Árabe.

---

6   Tema que analisaremos especificamente no Capítulo 4 desta obra.

— 1.2 —
Vertente econômica: causas e consequências

Reiteramos que a globalização é fenômeno multifacetado, ou seja, que apresenta variadas dimensões de análise e de impactos sobre as relações. Entre elas, cumpre abordarmos a globalização econômica, também denominada de *globalização da economia mundial*. Na bolsa de Valores de Nova York, por exemplo, negociam-se as principais ações de empresas, nacionais e estrangeiras, e seus índices influenciam as demais bolsas do mundo, servindo como referencial para a economia mundial.

Figura 1.2 – Bolsa de Valores de Nova York, Estados Unidos, localizada em Wall Street e símbolo da busca econômica pelo crescimento e lucro: (a) Comerciantes na Bolsa de Valores de Nova York em 1936; (b) Funcionamento e estrutura da mesma Bolsa de Valores em 2018

(a)

(b)

orhan akkurt/Shutterstock

Desde logo, há a constatação da atuação principal das forças econômicas nesse processo contínuo de globalização, as quais acarretam diversas consequências e uma necessidade de maiores e constantes regulações jurídicas internacionais a respeito, em contraposição a pequenas economias domésticas, com atuação apenas por parte dos Estados.

Não obstante, frisamos, mais uma vez, que a globalização econômica não pode ser tomada em sentido único, mas como uma das dimensões de um processo globalizatório multidisciplinar e multinível.

Um exemplo que bem ilustra o fenômeno globalizatório econômico, aliado a políticas liberais e neoliberais e a um modo de produção capitalista, é a atuação das empresas transnacionais, presentes nos mais diversos cantos do globo terrestre, em uma uniformização e padronização global.

Nesse sentido, a rede de lanchonete de *fast food* McDonald's, presente em diversos países, reúne lojas das tradições mais diversas possíveis, representando o crescimento das empresas em âmbito internacional e a globalização alimentar – realidades inexoráveis em tempos atuais.

Trata-se de exemplo prático vislumbrado principalmente após o fim da Guerra Fria, momentos no qual o mundo abriu as fronteiras comerciais e viu a necessidade de crescimento econômico, bem como de diminuição das assimetrias econômicas existentes entre os Estados[17].

Ademais, além do setor alimentício, outras tantas áreas correlacionadas a bens e serviços são impactadas pela globalização econômica e pela atuação das empresas transnacionais. Ainda assim, se a globalização econômica pode trazer maior uniformização, também há riscos de desigualdades patentes. Nesse sentido, voltando ao exemplo alimentício, se, por um lado, há empresas de *fast food* espalhadas por todo o mundo, por outro lado, ainda não se extinguiu a fome global, constatando-se uma inversão de valores embasada no alimento como mercadoria.

Luz, câmera, reflexão!

A série Rotten, *disponível na plataforma Netflix, é um documentário que conta com duas temporadas a respeito do comércio internacional e de disputas internacionais na OMC e no âmbito interno dos Estados. Há discussões sobre os mais*

---

7 Para saber mais sobre a relação entre globalização econômica e comércio internacional, vide Capítulo 2, Seção 2.2 desta obra.

variados produtos: alho, frango, carne bovina, peixe, vinho, entre outros. Vale a pena conferir!

ROTTEN. Produção: Zero Point Zero. Netflix, 2018. Série.

Neste ponto, o tratamento de alimentos como bens-alvo de mercadorias e de comércio internacional interfere em todas as relações sociais, principalmente no que se refere à denominada *segurança alimentar*, cada vez mais desigual por fatores relacionados a valores, acesso a produtos, entre outros.

As questões relativas à globalização econômica são constantemente alvo de cobranças em cargos públicos diversos. Nesse sentido, confira como o tema é abordado em concursos públicos e procure responder à questão que segue.

Exercício resolvido

(Cespe – 2010 – UERN) A fome, de acordo com relatório divulgado pela Organização das Nações Unidas para Agricultura e Alimentação em outubro de 2009, continua a ser uma realidade para mais de um bilhão de habitantes do planeta. Com relação à segurança alimentar no mundo, assinale a opção correta:

a) As ações de defesa do meio ambiente são responsáveis pela diminuição da produção de alimentos, ao limitarem a abertura de novas áreas para a produção agrícola.

b) A fome não é resultado apenas de problemas na produção, mas da distribuição desigual de alimentos.

c) Países desenvolvidos, os mais afetados por mudanças climáticas, são os que mais sofrem com o aumento da fome.
d) Os preços de alimentos nos países subdesenvolvidos têm diminuído nos últimos anos, em razão do aumento da exportação para o chamado primeiro mundo, o que dificulta a aquisição de comida.
e) A crise financeira não causou impactos sobre a aquisição de alimentos nos países subdesenvolvidos.

Gabarito oficial: b.

Comentários à questão: *Entre as questões que assolam a globalização econômica, aliada às práticas comerciais, estão a segurança alimentar e a fome mundial. Conforme visto, a globalização não é igualitária, mas tende a acirrar as assimetrias já existentes.*

Da relação intrínseca e constante entre globalização econômica e comércio internacional, diversas teorias procuram explicitar razões e encontrar políticas para a consecução das questões colocadas[8].

Conforme resume e constata o teórico Pierre Calame (2012, p. 119, tradução nossa):

> observamos que a globalização do comércio e a transformação de todos os bens e serviços em produtos de mercado levam

---

8   Sobre o assunto, vide Capítulo 2, Seção 2.1, desta obra.

ao fato de que criatividades inexperientes e necessidades não atendidas coexistem no nível local. Essa própria coexistência torna a economia atual ilegítima. Por outro lado, fingir retornar a uma localização estrita do comércio não faz muito sentido em um mundo onde a energia fóssil, a água e a maioria dos recursos naturais estão concentrados em um pequeno número de regiões.

Restam, em tese, questões em aberto a respeito do futuro mundial em face da globalização econômica. Para tanto, teóricos diversos têm alternativas diferenciadas para vencer a globalização econômica.

Entre tais alternativas, inclusive já empregadas, há os processos de integração regional dotados de finalidades econômicas e visando proporcionar maiores chances de competição no comércio internacional.

Acrescidos aos processos de integração, temos uma aliança com valores maiores, a exemplo da democracia e do reconhecimento do ser humano como sujeito de direitos e de deveres. Ademais, conforme exposto no início da explanação do fenômeno globalizatório, o reconhecimento de que os bens naturais são finitos (ou seja, que podem acabar) auxilia a vencer obstáculos futuros, que necessitam de atuação do Estado em conjunto com outros atores da esfera internacional (como as empresas transnacionais, o próprio indivíduo e outros tantos com voz em âmbito global).

Por outro lado, acerca da questão ambiental, na condição de teoria e proposições, esclarece a doutrina:

> Contudo, a Teoria Ambientalista, no seio das Relações Internacionais (e, também, do Direito Internacional) deve ser claramente considerada como uma crítica em vez de uma teoria solucionadora dos problemas.
>
> Por isso mesmo é que é possível encontrar uma diversidade de temas, como, no caso em questão, a do meio ambiente, governança global, competência consultiva da Corte Interamericana, direitos humanos dos povos que habitam a Região do Grande Caribe etc. No mesmo sentido, assim anota Matthew Paterson: "Os ambientalistas fazem reclamações sobre guerra e paz (tanto que os problemas ambientais resultam da mesma visão de mundo baseada na acumulação, dominação e exploração, o que o que leva à insustentabilidade), sobre desenvolvimento (não apenas sobre o desenvolvimento ambiental, mas como também o caráter dominador do desenvolver) e sobre governança global (das mais variadas formas, por vezes até mesmo contraditórias). Essas reclamações não são algo adicional à abordagem ambientalista, mas são extensões lógicas do caráter da Teoria Ambientalista". (Gomes; Gonçalves, 2018, p. 152)

Dessa forma, assim como o processo globalizatório não pode ser vislumbrado isoladamente, as variadas teorias a respeito da globalização econômica não podem ser aplicadas sem discussão prévia e sem um processo gradual de aprendizagem.

Nessa linha, desde logo podemos afirmar que os múltiplos processos de integração não são algo dado, mas construídos e modificados ao longo do tempo, em cooperação diversificada nos mais variados ramos[19].

Em síntese

Globalização em sua vertente econômica

- Atuação de grandes empresas (empresas transnacionais):
  - globalização alimentar e a questão da fome mundial.
- Desafios presentes.
- Questões ao futuro e possíveis resoluções.

— 1.3 —

Globalização e as relações entre países do hemisfério Norte e países do hemisfério Sul

Conforme visto, a globalização é processo que acarreta inúmeras consequências nas mais variadas esferas da sociedade. Entre tais sequelas, há a assimetria existente na sociedade internacional relativa aos Estados pertencentes ao hemisfério Norte (classificados como países desenvolvidos ou, ainda, países-centro)

---

9 Confira, no Capítulo 4 desta obra, a análise dos principais processos de integração (União Europeia e Mercosul).

e ao hemisfério Sul (países em desenvolvimento ou subdesenvolvidos, via de regra). Essa assimetria constitui problemática estudada pela teoria e elucidada por meio de práticas políticas presentes, seja com o fim da manutenção do poder dos Estados, seja com a intenção de buscar melhores condições para competir no mercado internacional.

Dessa forma, a globalização ganha visualizações de *facetas predatórias*, conforme denomina Richard Falk (1999) ou de *globalização hegemônica*, ocorrida de cima para baixo, conforme classifica Boaventura de Sousa Santos (2006).

Figura 1.3 - Situações de precariedade e de desigualdade latente no hemisfério Sul: (a) trabalho periculoso da colheita de cana-de-açúcar; (b) ausência de água potável e de saneamento básico; (c) grande volume de lixo sem retorno adequado

(b)

(c)

Os contrastes causados pelas diferenças e desigualdades são muitos e passam a ser perceptíveis pelos variados campos sociais. A título de exemplo, citem-se as recentes ondas migratórias, nas quais pessoas em condições de miserabilidade buscam outras vias de sobrevivência, em outros países, sem, contudo, alçar efetivamente melhor mobilidade social. A Figura 1.4 traz um grafite de autoria do artista britânico Banksy que ilustra essa situação.

Figura 1.4 – Grafite de Bansky, Londres

Courtesy of Pest Control Office, Banksy, London, 2012

Em outras palavras: os impactos globalizatórios entre os hemisférios Norte e Sul não são apenas econômicos ou comerciais, mas também resultam em variadas formas de interação e de problemas políticos e controvérsias.

Luz, câmera, reflexão!

O filme brasileiro Bacurau *retrata a história fictícia da cidade de Bacurau, no interior do sertão brasileiro e suas relações sociais diversas, trazendo à tona um problema enfrentado pela região. Vencedor de prêmios internacionais, vale a pena assistir ao filme para refletir justamente sobre as questões levantadas nesta seção.*

BACURAU. Direção: Kleber Mendonça Filho e Juliano Dornelles. Brasil: Vitrine Filmes, 2019. 132 min.

É importante, assim, empregar um diálogo intercultural e comercial entre os Estados e os variados atores domésticos e internacionais. Nesse contexto, o próprio indivíduo, como integrante do processo globalizatório, tem o potencial de combater assimetrias diversas.

Ademais, juridicamente, o diálogo entre jurisdições, domésticas e internacionais, pode auxiliar na compreensão dos problemas vivenciados e na inserção das questões sociais no bloco econômico.

A globalização e seus impactos domésticos e internacionais é tema constante em concursos públicos diversos, até mesmo porque faz parte do cotidiano brasileiro. Nesse sentido, confira como o tema é cobrado nesses certames e procure responder à questão que segue.

Exercício resolvido

(Cespe – 2018 – PM-AL) Com relação a espaço geográfico e globalização, julgue o próximo item.

A globalização é seletiva e se distingue, entre outras características, pela fragmentação territorial; em um país como

o Brasil, por exemplo, nem todos os lugares são conectados da mesma forma ao mundo globalizado: há lugares intensamente já apropriados pela globalização e outros que consistem em reserva de valor para momentos futuros.
( ) Certo
( ) Errado

Gabarito oficial: *Certo.*

Comentários à questão: *Conforme já visto, o fenômeno globalizatório traz assimetrias entre os países, aumentando as desigualdades econômicas e geográficas, o que é demonstrado no próprio ambiente interno brasileiro, em que nem todos têm as mesmas condições materiais.*

No âmbito teórico, desse modo, diversas linhas de pesquisa sobressaem-se para tentar compreender a globalização sob o ponto de vista do hemisfério Sul e com a finalidade de encontrar soluções políticas, ao menos, para o arrefecimento do quadro de assimetria presente.

Trata-se, pois, das denominadas *abordagens descolonialistas*, que ganharam enfoque no meio internacional, principalmente após o fim da Guerra-Fria, quando, então, o mundo viu-se em um cenário multipolar, com problemas antigos não solucionados, acrescidos de questões atuais que passaram a assolar o planeta.

A área das relações internacionais explica as abordagens descolonialistas:

> Os estudiosos pós-coloniais questionam se as teorias eurocêntricas podem realmente explicar a política mundial como um todo, ou a política mundial no que se refere à vida da maioria das pessoas no planeta. É mais provável que eles ajudem a continuar e justificar a subordinação militar e econômica do Sul global por poderosos interesses ocidentais. Esse processo é conhecido como "neocolonialismo". O pós-colonialismo também se tornou mais popular desde os ataques de 11 de setembro, que incentivam as pessoas a tentar entender como as histórias do Ocidente e do Sul global sempre se entrelaçaram. Por exemplo, as identidades dos colonizados e colonizadores estão constantemente em fluxo e são constituídas mutuamente. (Baylis; Smith; Owens, 2017, p. 6, tradução nossa)

Acerca das causas da assimetria e de sua relação com a globalização, vejamos a visão de Zygmunt Bauman (2010, p. 83):

> Acredito que o que está por trás da presente "globalização da desigualdade" é a repetição, embora desta vez em escala planetária, do processo identificado por Marx Weber nas origens do capitalismo moderno e intitulado por ele de "separação entre os negócios e o lar". Em outras palavras, trata-se da emancipação dos interesses comerciais de todas as instituições socioculturais de supervisão e controle eticamente inspirados (interesses naquele tempo concentrados na oficina/casa da família e, por meio dela, na comunidade local). Por conseguinte, trata-se da imunização das atividades empresariais contra quais quer outros valores que não sejam a maximização do lucro.

Inclusive, a noção de *países-centro* e *países periféricos*, em substituição às expressões *países desenvolvidos* e *subdesenvolvidos*, remonta às ideias de uma teoria crítica formulada por autores como Wallerstein, Robert Cox e Gramsci. Segundo Immanuel Wallestein, teórico da ideia de "sistema-mundo", o capitalismo é a base econômica de um sistema mundial, de modo a estruturar o mundo em países-centro, semiperiferia e periferia (Oliveira; Gomes; Gonçalves, 2016).

Assim, para teoria crítica, a junção entre globalização e capitalismo resulta no atual mundo vivenciado, com assimetrias estruturais em um sistema que não tem data para modificação.

Juridicamente, foi preciso envidar esforços para fins de maior regulação do comércio internacional, em um multilateralismo apto a proporcionar igualdade de condições, o que é estampado, na atualidade, pelo papel da Organização Mundial do Comércio (OMC)[10].

Ainda assim, a OMC também tem seus percalços e desafios, sobretudo porque se trata de organização internacional que surge por força do consenso entre os Estados. A soberania, nesse sentido, surgida com o advento da Paz de Vestfália (1648) e com a ideia geral de que o Estado tem direito à autoridade política e jurídica suprema em suas fronteiras (Baylis; Smith; Owens, 2017), passa a ser uma questão desafiadora na atualidade.

É nesse mesmo sentido, pois, que a integração regional é reconhecida como fenômeno global relacionado a esse processo

---

10 Conforme será abordado mais adiante, no Capítulo 3 desta obra.

globalizatório desigual, de modo que os processos de integração contam com um alto grau de diversidade histórica e são resultantes da cooperação.

Por outro lado, os processos integracionistas não podem deixar de considerar, em primeiro lugar, a pessoa humana, visto que é detentora de dignidade e a principal destinatária das normas do bloco econômico e do comércio internacional. Para tanto, entre as vias alternativas, conforme já comentado, a doutrina cita o diálogo entre jurisdições e o diálogo intercultural entre diversos blocos econômicos.

Em síntese

Globalização e as relações entre países do hemisfério Norte e do hemisfério Sul

- Globalização como um processo assimétrico, desigual:
    - assimetrias nas relações entre os hemisférios Norte e Sul;
    - globalização predatória (Richard Falk);
    - globalização hegemônica (Boaventura de Sousa Santos).
- Teorias críticas e descolonialistas a respeito das assimetrias → Necessidade de analisar as relações sociais a partir da perspectiva do hemisfério Sul.
- Processos de integração como possibilidade de diálogo intercultural e de diálogo entre jurisdições → Necessidade de considerar a pessoa humana.

Capítulo 2

A importância do comércio internacional na atualidade

Neste capítulo, discutiremos os inúmeros impactos do comércio internacional na atualidade, bem como as visões teóricas principais a respeito desses efeitos comerciais.

Para tanto, em um primeiro momento, é essencial analisarmos o histórico do comércio internacional, constatando os principais fatores ao longo da história responsáveis por consolidar o comércio internacional como realidade, tais como as Grandes Navegações, a Primeira Revolução Industrial e posteriores mudanças na indústria.

Nessa perspectiva, procuramos apresentar as principais consequências do comércio internacional e as diferentes visões existentes em torno das repercussões dessa seara.

Para explicitar as trocas comerciais e buscar aprimorar o comércio internacional, também evidenciaremos que diversas teorias, das mais variadas áreas do saber, foram pensadas, apreciadas e, inclusive, alvo de críticas posteriores.

Neste ponto, longe de explicitar toda e qualquer teoria do comércio internacional, daremos enfoque para aquelas consideradas principais, de impacto certeiro nos eventos mundiais e de conhecimento imprescindível para o estudo dos processos de integração.

Após, passamos a tratar do comércio internacional do período pós-Segunda Guerra Mundial em diante, quando, então, a sociedade internacional constatou a importância de um sistema de regras próprios para reger o comércio internacional e a necessidade de proporcionar vias cooperativas por meio de organizações intergovernamentais.

Igualmente, vislumbramos um dos primórdios da necessidade de regulamentação jurídica internacional do comércio internacional, consistente na Conferência de Bretton Woods e nos consequentes Acordos de Bretton Woods (1944), eis que foi momento de surgimento de organizações internacionais, que visavam melhor reger as finanças e a economia no âmbito internacional.

Em outros termos: foi a partir dos Acordos de Bretton Woods (1944) que teve início, em meio universal, a instituição de organizações voltadas à economia internacional e à colocação em pauta de possíveis resoluções de problemas gerados por uma globalização desigual e um comércio internacional sem plena liberdade.

Nosso objetivo maior é que o leitor conheça, ainda que genericamente, as influências do comércio internacional e sua constante atuação ao longo da história. Dessa forma, neste capítulo, buscaremos demonstrar que o comércio internacional é questão complexa, consubstanciando-se como fenômeno e práticas que culminam por impactar aspectos mais comuns do cotidiano (como alimentação, vestimentas, etc.).

— 2.1 —
Histórico e teorias do comércio internacional

O comércio internacional não é propriamente uma novidade do mundo moderno ou contemporâneo, mas sim presente em toda a história da humanidade. Nessa perspectiva, analisar historicamente o mercado, os movimentos teóricos e as problemáticas enfrentadas mostra-se crucial para a compreensão do cotidiano contemporâneo.

Ressaltamos, desde logo, que não se deve confundir os termos *mercado* e *capitalismo*, conforme comumente se propaga, ainda que se tenha ciência que as teorias do comércio internacional se aliaram a um modelo capitalista de economia política internacional.

No estudo do comércio internacional, a análise aqui presente será atinente ao mercado internacional, conceito ora compreendido de modo atrelado ao sistema de trocas comerciais e de valores, essencialmente voltado ao estudo no papel central dos preços na tomada de decisões para a alocação de recursos (Gilpin, 2002).

Ora, o comércio internacional é tema multi e interdisciplinar e conta com diversas abordagens possíveis acerca do fenômeno das trocas comerciais e do respectivo papel deste para a expansão do processo globalizatório.

Nesse contexto, quatro áreas do saber ganham enfoque para o estudo do comércio internacional nesta obra: a história, a ciência econômica (economia), as relações internacionais e o direito. Trata-se de áreas essenciais, cada qual a seu modo, para a compreensão dos processos de integração como alternativas para a promoção do comércio internacional.

Ademais, destacaremos os principais acontecimentos históricos, bem como as teorias essenciais do comércio internacional, sem esgotar a análise total acerca de um tema tão amplo e rico em perspectivas.

Por certo, na análise histórica, ainda que ora colocada de modo bastante simplificado, apontaremos os fatores mais conhecidos e disseminados, cujo conhecimento é imprescindível e cujos impactos foram certeiros para o surgimento dos processos de integração.

No que tange às teorias do comércio internacional, com base nos ensinamentos de Robert Gilpin (2012), serão três as principais ideologias da economia política vislumbradas, quais sejam: (1) modelo liberal clássico e neoclássico de comércio internacional; (2) modelo nacionalista de comércio internacional; (3) modelo marxista de comércio internacional.

Na sequência, daremos ênfase às novas perspectivas do comércio internacional no mundo pós-guerra.

Assim, ao longo da história, diversos acontecimentos e fatores mostraram-se essenciais para as explicações das trocas internacionais e para o aprimoramento do comércio internacional.

As Grandes Navegações, o descobrimento de novas terras e o consequente colonialismo (1241-1783) foram, sem dúvida, eventos que auxiliaram o desenvolvimento do comércio internacional, na medida em que houve a descoberta de novos mercados e a consequente ampliação da demanda (aumento de consumidores nos Estados, pois passaram a frequentar as novas terras), assim como aumento de produtos a serem ofertados no mercado internacional, a exemplo maior da existência de metais preciosos no âmbito das Américas.

Figura 2.1 – "Padrão dos Descobrimentos", monumento histórico localizado em Lisboa, Portugal, símbolo das Grandes Navegações

Pabkov/Shutterstock

Trata-se, contudo, de acontecimentos históricos que privilegiaram os Estados europeus e os Estados com maior poder marítimo (Mahan, 1890; Tangredi, 2004), o que é alvo de críticas e discussões até os dias atuais. Nesse contexto, questiona-se a respeito da ascensão dos Estados que hoje são considerados desenvolvidos (sobretudo Estados localizados ao norte, como

Inglaterra, Espanha, Portugal, Bélgica, França, Alemanha, etc.), ou seja, essa ascensão foi conquistada por força dos próprios Estados ou às custas de outros povos, explorados no decorrer da história? (Baylis; Smith; Owens, 2017).

Vale frisar, ainda, que o comércio internacional pode ter tido origens e impulsos outros que não apenas aqueles propagados comumente, presentes em sociedades distintas, a exemplo da histórica ascensão de países de tradições comerciais antigas, como China e Índia (Baylis; Smith; Owens, 2017).

Outro fator histórico de conhecimento imprescindível foi o advento da Primeira Revolução Industrial (1760-1840), como momento de mudança de um capitalismo comercial para um capitalismo industrial, mais focado no poder econômico. Esse período foi vislumbrado, inicialmente, na Inglaterra do século XVIII, na qual o protagonismo da industrialização ocorreu pela produção têxtil (Pochmann, 2016).

Luz, câmera, reflexão!

> O *filme* **Tempos modernos,** *de 1936, é considerado um clássico do cinema e retrata, com comédia e crítica, a Revolução Industrial e os impactos a um empregado em linha de montagem (Charlie Chaplin). Atualmente, para assistir, é possível localizar o filme nos principais canais da internet (como no YouTube).*

Figura 2.2 – Foto publicitária do filme *Tempos modernos*

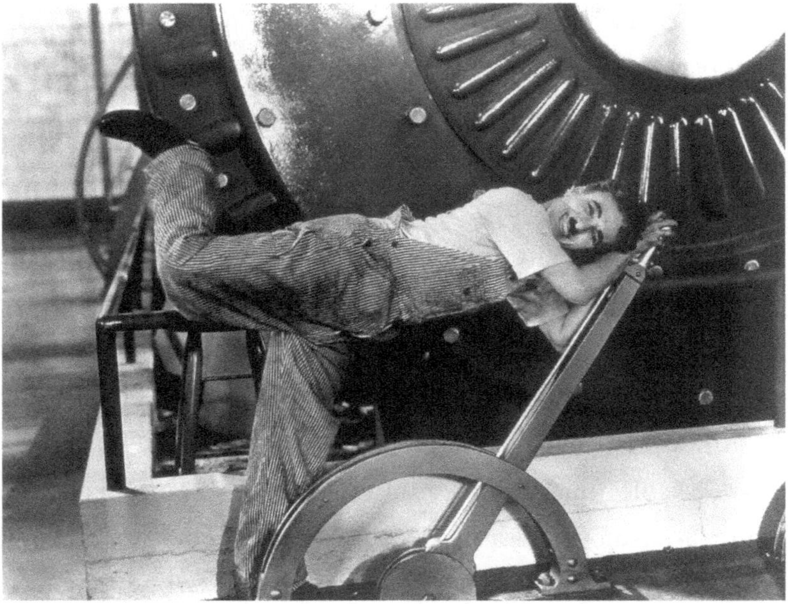

United Artists/Wikimedia Commons

TEMPOS Modernos. Direção: Charlie Chaplin. EUA: Charlie Chaplin Film Corporation, 1936. 87 min.

De acordo com as teorias econômicas, a Primeira Revolução Industrial tinha por base a utilização de máquinas a vapor, as ferrovias e o emprego do carvão mineral, situação que, a partir do século XIX, seria acrescida de uma Segunda Revolução Industrial, fundamentada no advento da automobilística, do uso da hidroeletricidade e de indústrias petroquímicas (Pochmann, 2016).

Posteriormente, com o surgimento de mais novidades tecnológicas, a partir do século XX, houve menção a uma terceira fase da Revolução Industrial, caracterizada pelo uso cada vez maior de química fina, das telecomunicações e da biotecnologia (Rfkin, 2011).

Por fim, há autores, como Klaus Schwab (2016), que já sustentam a vivência em uma quarta era de Revolução Industrial, marcada por novas tecnologias que se confundem com os mundos físico, digital e biológico. Aqui, seria preciso não mais deter meios de produção como até então conhecidos, mas também incorporar novas tecnologias à atividade empresarial e comercial, fazendo uso da inteligência artificial, com a tendência à automatização total das fábricas (Schwab, 2016).

A chamada *Quarta Revolução Industrial* é assunto considerado em ascensão no momento, sendo imprescindível conhecer seu conceito e seus impactos no cotidiano. Trata-se, inclusive, de assunto que já apareceu em provas diversas para ingresso na carreira pública. Nesse sentido, confira como o tema é cobrado em concursos públicos e procure responder à questão que segue.

Exercício resolvido

(Vunesp – 2018 – PM-SP) A Scania inaugura na próxima terça-feira, dia 28.08, uma nova fábrica de solda de cabinas, voltada exclusivamente para produzir a nova geração de caminhões da companhia. A unidade, em São Bernardo do Campo, Grande São Paulo, aplica o conceito de indústria 4.0, considerado a quarta revolução industrial. O investimento da Scania na nova fábrica foi de R$ 340 milhões nos últimos três anos. A fábrica tem capacidade técnica para produzir até 25 mil cabinas por ano, em 19 diferentes modelos. (https://economia.estadao.com.br. 26.08.2018. Adaptado). Para a indústria em questão estar inserida na quarta revolução industrial, ela deve

a) utilizar fontes de energia limpas e adaptadas às políticas conservacionistas.
b) adequar-se às novas formas de terceirização do trabalho e da pesquisa tecnológica.
c) adotar princípios de administração centralizada e independente da matriz.
d) diversificar a produção de componentes para ter pouca dependência de importações.
e) englobar tecnologias de automação e da informação, como inteligência artificial.

Gabarito oficial: *e.*

Comentários à questão: *Conforme visto, a denominada Quarta Revolução Industrial traz, como novidade, a utilização de novas tecnologias à atividade empresarial e ao comércio internacional. Não há maiores empecilhos à resolução da questão, que demanda justamente o conhecimento do que se entende por Quarta Revolução Industrial.*

Além desses fatores históricos, cujos efeitos, por vezes, perduram até hoje, cabe menção às modificações trazidas ao comércio internacional por força das Guerras Mundiais vivenciadas.

Ora, a Primeira Guerra Mundial, deflagrada entre 1914 e 1918, iniciou a derrocada dos Estados europeus, com mobilização da economia mundial e aumento do poderio dos Estados dotados de armamento bélico. Ao seu turno, a Segunda Guerra Mundial, ocorrida entre 1939 e 1945, trouxe nova hegemonia comercial aos Estados Unidos, além de ter colocado em pauta a necessidade de regulação internacional a respeito das trocas comerciais e financeiras, sem deixar de considerar as perspectivas de direitos sociais e a necessidade de reconstrução dos países devastados pela guerra.

Ainda, o período pós-Guerra Fria, iniciado em 1991 e permanente até os dias atuais, também é relembrado como momento de mudanças no comércio internacional, visto que o mundo passou a ter, cada vez mais, disputas de mercado em um ambiente multipolar[1].

Em síntese

Histórico do comércio internacional

- Fatores históricos relevantes para o surgimento e o crescimento do comércio internacional:

---

1 Sobre o tema, recomendamos a leitura da Seção 2.2 deste capítulo, referente ao advento de organizações internacionais com o objetivo de regulação do comércio e da economia internacional. Consulte também o Capítulo 3, que analisa especificamente a Organização Mundial do Comércio (OMC), de notória importância no estudo dos processos de integração.

- Grandes Navegações e fase de colonialismo (1241-1783) → Descoberta de novos mercados → Crescimento dos Estados da Europa → Holanda e Inglaterra como hegemonias graças ao uso do comércio internacional.
- Primeira Revolução Industrial (1760-1840) e posteriores revoluções industriais → Enfoque para a globalização industrial e o poder econômico.
- Guerras Mundiais (1914-1918; 1939-1945) → Novos mercados e crises econômicas → Necessidade de um aparato internacional para resolver questões internacionais econômicas e financeiras.
- Pós-Guerra Fria (1991 em diante) → Disputa de mercados em um mundo multipolar.

De toda maneira, seja qual for o ponto histórico de análise, o comércio internacional traz diversas consequências ao mundo, nas mais variadas conjunturas – econômica, social, cultural, jurídicas etc.

Nessa perspectiva, a expansão comercial internacional, atrelada a um modelo capitalista de produção e exacerbação do processo globalizatório, pode trazer tanto pontos positivos quanto negativos no cotidiano mundial.

Assim, o comércio internacional tem potencial de ampliação do mercado de consumo (maior demanda), bem como de ampliação de variedades aos consumidores já existentes (maior oferta).

Economicamente, tais fatores auxiliam, ao seu turno, a própria redução dos custos dos insumos.

Além disso, o comércio internacional guarda a possibilidade de maior disseminação de tecnologias diversas em todos os cantos do globo terrestre. A cooperação e a coordenação entre as partes negociantes, aqui, são pontos-chave para essa troca de tecnologia e de informações.

Não podemos deixar de considerar, ainda, o aspecto cultural das trocas comerciais entre povos de diferentes regiões, mormente em tempos de era digital e de *e-commerce* (comércio eletrônico). A título exemplificativo, quanto aos impactos relacionados fora do campo econômico, basta pensar nas situações diárias de registros de casamento entre nacionais com estrangeiros e todo o aspecto cultural e comercial envolvido nas relações conjugais (Levy, 2009).

A respeito dos impactos culturais derivados do comércio internacional, cumpre verificar que os teóricos tendem a ver de diferentes maneiras esse processo. Nesse sentido, destacamos três principais correntes, segundo Gilpin (2002): liberalismo, marxismo e nacionalismo (protecionismo).

De modo geral, para o **liberalismo**, o impacto cultural do comércio internacional traz maior difusão de ideias, experiências e oportunidades, de forma a gerar maior desenvolvimento social dos países (Gilpin, 2002).

Por outro lado, o **marxismo** analisa o impacto cultural do comércio internacional como uma fonte de imperialismo e de exploração do proletariado (Gilpin, 2002).

Para correntes teóricas **nacionalistas** (protecionistas), ao seu turno, o impacto cultural do comércio internacional traz como elemento negativo a destruição de valores nacionais e únicos de um povo, enfraquecendo seus laços (Gilpin, 2002).

Outras diversas consequências do comércio internacional podem ainda ser mencionadas, mas aqui apresentamos as principais, ou seja, as de maior impacto no cotidiano dos seres humanos.

Na atualidade, por exemplo, não podemos deixar de questionar a relação entre comércio internacional e meio ambiente ou mencionar questões que envolvem o aumento da desigualdade em âmbito mundial.

Ademais, nem todas as consequências do comércio internacional parecem trazer vantagens a todos ou mesmo aos próprios Estados, muito pelo contrário. A perspectiva do sujeito em sua relação comercial pode acarretar outros efeitos que aqui não serão mencionados.

As consequências do comércio internacional ensejam possibilidades diversas de cobrança em concursos públicos, para variadas áreas do conhecimento, uma vez que, conforme visto, as trocas comerciais implicam inúmeras relações e entendimentos teóricos. Nesse sentido, confira como o tema é cobrado e procure responder à questão que segue.

Exercício resolvido

(UERR – 2018 – Setrabes) A formação de um mercado global, a chamada globalização, destaca-se pelas interações

entre diversos países nas áreas econômicas, sociais, culturais e política. Entre seus impactos negativos, destacam-se:
a) aumento do fluxo turístico, propensão de guerra entre países, desastres ambientais, imigração, mobilidade das pessoas entre países por motivos de trabalho.
b) aumento do comércio mundial, barateamento de mão de obra, formação de blocos econômicos, aumento da xenofobia, drásticos impactos ambientais, distorções cambiais.
c) barateamento de produtos industrializados, diluição das fronteiras, dificuldade de acesso à informação, universalização do conhecimento, aumento do contrabando e tráfico de drogas.
d) forte contaminação de vários países em caso de crise econômica, facilidade de especulações financeiras, perda da soberania de muitos países por conta do estabelecimento de moeda única, desemprego estrutural.
e) maior fluxo de informações, limitação do acesso aos meios de comunicação, envolvimento da Organização Mundial de Comércio (OMC) no mercado internacional, guerras comerciais, aumento do arsenal nuclear.

Gabarito oficial: *d.*

Comentários à questão: *É preciso ter uma leitura atenta aos enunciados dos concursos públicos, sob pena de incorrer em erro. Atente-se que a questão solicitou os impactos negativos* do mercado global (e não questionou sobre todo e qualquer impacto). Dessa forma, fatores como aumento de fluxo turístico, aumento do comércio internacional, universalização do conhecimento e maior fluxo de informações não são, necessariamente, aspectos negativos ou ruins para sociedade, muito pelo contrário.

Na realidade, conforme será adiante elucidado, o período histórico do fim da Guerra Fria, de 1991 até os dias atuais, trouxe diversas consequências e modificações na conjuntura e no cenário comercial internacional[12].

Em síntese

Consequências do comércio internacional

- Ampliação do mercado de consumo (demanda) e aumento de variedades aos consumidores já existentes (oferta).
- Redução dos custos dos insumos.
- Maior disseminação de tecnologia.
- Impacto cultural:
    - liberalismo → impacto cultural do comércio internacional = desenvolvimento social.

---

2 Confira a Seção 2.2 deste capítulo, em que analisaremos o comércio internacional na atualidade e o papel do direito da integração como aprimoramento da cooperação comercial e intelectual.

- marxismo → impacto cultural do comércio internacional = fonte de imperialismo e de exploração.
- nacionalismo → impacto cultural do comércio internacional = destruição de valores.

Pois bem, analisado o panorama histórico do comércio internacional, resta conferir as correntes teóricas sobre o tema, pensadas justamente ao longo da história para reflexão e busca por explicações a respeito das trocas internacionais e de possibilidades para o aprimoramento do comércio internacional.

Longe de analisar toda e qualquer teoria, conforme já comentado, reunimos, aqui, apenas as principais teorias do comércio internacional.

Inicialmente, vale ressaltar que, quando se trata do comércio internacional e dos estudos históricos a respeito, muito se comenta acerca do fenômeno de *mercantilismo*, presente, sobretudo, na Idade Moderna, entre o século XV e o final do século XVIII, afinal, foi a partir do comércio exterior, de longo curso, que a instituição *mercado* começou a tomar conta da economia ocidental (Adda, 2004).

Mais especificamente, de acordo com o historiador Fernand Braudel (1995, p. 14), o mercantilismo foi uma política que reagrupou "comodamente uma série de atos, de atitudes, de projetos, de ideias, de experiência que marcam, entre o século XV e o século XVIII, a primeira afirmação do Estado moderno em relação aos problemas concretos que ele tinha que enfrentar".

Sobre esse ponto, salientamos que a época demandava crescimento do comércio, ao passo que havia escassez de ouro e prata na Europa e, consequentemente, necessidade de exploração de novos locais (Hunt; Lautzenheiser, 2012).

Em outras palavras, o mercantilismo pode ser compreendido como o conjunto de práticas que elucidavam a necessidade de expansão das exportações (subsídios) e de redução das importações (tarifas) (Gilpin, 2002).

O pilar mercantilista cuida de pregar por uma balança comercial positiva e, em contrapartida, políticas comerciais de caráter protecionista, já que os mercantilistas consideravam que o comércio internacional tinha ganhos de soma nula, ou seja, que um país só ganha à custa do outro (Gilpin, 2002).

Luz, câmera, reflexão!

A peça de teatro O mercador de Veneza, de William Shakespeare, retrata o mercantilismo e os impactos do comércio internacional na vida dos personagens centrais, já tendo sido reproduzida no cinema e em obras literárias.

Resumidamente, O mercador de Veneza conta a história de Antônio e Shylock, em Veneza, Itália. Shylock, o mercador, realizou um empréstimo a Antônio, com a condição de que este quitaria sua dívida com os juros devidos e, em caso de descumprimento, a possibilidade de arrancar um pedaço de carne do próprio devedor. Antônio não consegue arcar com a dívida firmada, e o mercador passa a exigir a sanção devida. O caso vai a julgamento.

Trata-se, pois, de ótima opção para compreensão do mercantilismo da época medieval. Atualmente, para assistir, é possível localizar o filme nos principais canais da internet (como no YouTube).

O MERCADOR de Veneza. Direção: Michael Radford. EUA: Sony Pictures Classics, 2004. 138 min.

Não obstante a importância do mercantilismo para a movimentação de acontecimentos históricos como as Grandes Navegações, as teorias do liberalismo clássico da economia foram as que prevaleceram ao longo de boa parte da história mundial.

Para o liberalismo, contemplado em teorias como de Adam Smith, de David Ricardo e de outros autores considerados clássicos na história econômica, o protecionismo não traz vantagens. É a livre troca, concretizada por meio do comércio, que oferece vantagens aos participantes da relação comercial, gerando efeitos positivos para todos (a exemplo maior da livre concorrência) e para fins de proporcionar um aumento global da riqueza.

O Estado, nesse sentido, tem a função principal de garantir a liberdade dos indivíduos e direitos como o da propriedade. Nessa medida, a legislação aparece como um modo de organização da sociedade, por parte do Estado, para fins de concretização da liberdade. Conforme a célebre frase de John Locke (2003, p. 50), "a finalidade da lei não é abolir ou conter, mas preservar e ampliar a liberdade. Em todas as situações de seres criados aptos à lei, onde não há lei, não há liberdade".

Para o liberal clássico Adam Smith, a riqueza dos Estados, na condição de nações, concentra-se na necessidade de uma divisão internacional do trabalho e de uma escala de mercado (Gilpin, 2002). Na visão do economista, o comércio internacional é possível e, inclusive, recomendável, quando o tempo de trabalho necessário para a produção de determinado produto seja inferior àquele do feito no exterior (Gilpin, 2002).

O liberalismo delineou uma teoria da especialização internacional na busca por verificar quais seriam as vantagens de cada nação, sendo o livre-comércio internacional uma proposta possível.

Nessa perspectiva, para Adam Smith, o comércio pode assegurar vantagens absolutas, desde que haja especialização de acordo com o número de horas de trabalho requerido para produção do bem. Quanto menor o número de horas exigido, melhor (Gilpin, 2002).

Já para David Ricardo, tais vantagens não podem ser vislumbradas de forma absoluta, mas sim em comparação com o outro participante da relação comercial. Assim, em 1817, o economista publica a obra intitulada *Princípios de economia política e tributação*, na qual apresenta a denominada *teoria das vantagens comparativas* (Gilpin, 2002).

Em simples palavras, é preciso que determinado país escolha, em comparação ao outro país, exportar os bens no qual é especializado e no qual é mais eficiente em sua produção, de modo a ter vantagens no negócio comercial.

Aqui, na teoria das vantagens comparativas pensada por David Ricardo, há uma escolha prévia e multinível, ao passo que a teoria das vantagens absolutas de Adam Smith já pressupõe uma eficiência interna e internacional do país, o que nem sempre parecia concretizar-se (Moreira, 2012).

Sem dúvida, acerca das vantagens comparativas, é clássica a lição de David Ricardo por meio do exemplo do comércio havido entre Portugal, no que tange aos vinhos, e Inglaterra, no setor têxtil. Nesse caso, explicou David Ricardo que Portugal tinha, à época, uma vantagem comparativa na produção de vinho, ao passo que a Inglaterra era detentora de uma vantagem comparativa na produção de tecidos, e, em razão dos diferentes custos relativos, ambos os países tinham incentivos à troca. Nessa medida, Portugal deveria especializar-se completamente na produção de vinho, e a Inglaterra na produção de tecido, em vantagem para ambos os participantes da relação comercial (Moreira, 2012).

Contudo, as teorias de Adam Smith e de David Ricardo, assim como outras teorias de fundo liberal clássico, não passaram incólumes a críticas e sugestões. Na realidade, as teorias posteriores do comércio internacional já reconheceram as limitações do liberalismo clássico, como questões inerentes a barreiras comerciais; ausência de considerações, por parte dos autores clássicos, de custos de transporte na tarefa de exportação de bens; modelo teórico de aplicação ser possível tão somente na relação bilateral do comércio; e, claro, ausência de considerações a respeito do papel das influências tecnológicas existentes à época para as relações comerciais (Moreira, 2012).

Nessa perspectiva, teorias neoclássicas, ilustradas por autores como Eli F. Heckscher e Bertil G. Ohlin, entre outros, passam a acrescentar o custo de transportes e a analisar a maior mobilidade dos fatores de produção, etc.

Para tal teoria, o país exporta produtos mais intensivos no uso de seus fatores abundantes. Assim, para a análise das vantagens, há ênfase para o papel da maximização das funções em razão de renda, custos, fatores de produção e informações disponíveis. Por outro lado, há o reconhecimento de que o livre comércio pode ser prejudicial, mas também há maior aumento de eficiência global, de modo que aquele seria, ainda assim, a melhor política possível.

Ressaltamos, mais uma vez, que as teorias liberais clássicas e neoclássicas em muito significaram as políticas externas e a aliança com o modelo capitalista de produção, o que, diante de novos acontecimentos históricos e problemas relacionados à aplicação prática da teoria liberal, demandaram novas teorias a respeito do comércio e reações aos modelos até então existentes.

Em outras palavras: problemas antigos que culminaram por não ser solucionados, acrescidos de novos problemas trazidos pelas ondas globalizatórias, geraram novas teorias acerca do comércio internacional, vislumbradas, sobretudo, após a Segunda Guerra Mundial e no período pós-Guerra Fria.

É aqui, pois, que se menciona uma teoria marxista acerca do comércio internacional, segundo a qual este demonstra práticas exploratórias entre os povos.

A troca comercial, nesse sentido, é desigual, não compensando uma especialização de produtos. Há uma relação de dependência econômica e uma interdependência geral entre as nações, conforme já sinalizado por Karl Marx e Friedrich Engels na obra *Manifesto do partido comunista* (Marx; Engels, 2001).

Além da perspectiva marxista, outra reação às teorias clássicas liberais e neoclássicas foi sintetizada por meio de visões protecionistas, que vislumbraram a necessidade de maior atuação do Estado e de preservação da indústria nacional. Principalmente para Estados ainda em fase de desenvolvimento, uma política protecionista seria o instrumento necessário para os países expandirem suas forças produtivas com o desenvolvimento da manufatura (Moreira, 2012).

Outras tantas teorias foram pensadas no decorrer do tempo, sobretudo depois as Guerras Mundiais e após a Guerra Fria, quando, então, o mundo comercial internacional contou com significativas modificações. Por isso mesmo, dada a importância do tema e tendo em vista os impactos para o cotidiano, na próxima seção, o estudo será dedicado ao comércio nos dias atuais.

Em síntese

Teorias sobre o comércio internacional

- É necessário refletir sobre as explicações a respeito das trocas internacionais e de seu aprimoramento.

- Mercantilismo: práticas que elucidavam a necessidade de expansão das exportações (subsídios) e redução das importações (tarifas) → Balança comercial positiva → Caráter protecionista.

- **Teorias liberais clássicas** (Adam Smith, David Ricardo, etc.): A livre troca traz vantagens a ambos os participantes, gerando efeitos positivos para economia mundial e para um aumento global da riqueza.

- O liberalismo delineou uma teoria da especialização internacional, de acordo com as vantagens existentes em cada país.

- Adam Smith → Vantagens absolutas.

- David Ricardo → Vantagens comparativas.

- Conforme as lições de David Ricardo, no comércio internacional entre Portugal e Inglaterra, Portugal teria uma vantagem comparativa na produção de vinho, de modo que deveria especializar-se completamente em sua produção, ao passo que a Inglaterra teria grande produção de tecidos, devendo ter especialização na área têxtil, segundo vantagens comparativas que agregariam para ambos os países.

- Principais críticas às teorias liberais clássicas:
  a. não considera barreiras de comércio e ignora custos de transportes;
  b. modelo bilateral de comércio, apto de aplicação apenas entre duas partes;
  c. não considera as influências tecnológicas da época ao comércio, como questões industriais e tempo empregado.
- **Teorias liberais neoclássicas** (Eli Heckscher, Ohlin, etc.): ênfase para o papel da maximização das funções em razão de renda, custos, fatores de produção e informações disponíveis.
- País exporta produtos mais intensivos no uso dos seus fatores abundantes.
- Reconhecimento de que o livre comércio pode ser prejudicial, mas também há maior aumento de eficiência global → O livre comércio seria, ainda assim, a melhor política possível.
- Principais críticas às teorias liberais neoclássicas:
  a. risco de dependência nas relações entre os hemisférios Norte e Sul;
  b. necessidade de medidas protecionistas;
  c. diminuição do papel do Estado em detrimento do crescimento das empresas.
- **Reações aos modelos liberais clássicos e neoclássicos**:
  - As teorias clássicas do comércio internacional, aplicadas e disseminadas na política internacional, trouxeram

possibilidades, mas não conseguiram enfrentar todos os problemas (a exemplo da continuidade e do aumento de batalhas comerciais entre Estados), de forma que os teóricos passaram a formular reações diversas.

- Teoria marxista do comércio → Existência de exploração no comércio internacional.
- Teorias nacionalistas do comércio → Necessidade de protecionismo e de manutenção da indústria nacional.
- Teorias do pós-guerra → Vide Seção 2.2.

A seguir, abordaremos o comércio internacional a partir do pós-guerra até os dias atuais, visto que diversas modificações no ambiente comercial foram vislumbradas e o processo de integração passou a ficar evidente como uma alternativa possível e em prol de cooperação internacional.

— 2.2 —
Comércio internacional: pós-guerra até os dias atuais

Diante de variados fatores históricos relevantes para explicitar o comércio internacional e suas modificações ao longo dos séculos, é relevante citar os momentos do pós-Segunda Guerra Mundial e do pós-Guerra Fria como um tópico a parte, pois, nesses períodos, a sociedade internacional começou a atentar à necessidade de conferir uma regulação jurídica protetiva a temas como economia, finanças e comércio internacional.

Em um mercado em constante transformação, as empresas também passam por rápidas mudanças. Nesse sentido, atualmente, precisam utilizar recursos tecnológicos para atender aos interesses dos clientes da melhor maneira. As megaempresas mundiais transformam-se, então, em plataformas virtuais para vender seus produtos ou atuar na prestação de serviços, como, por exemplo, Amazon, Uber, Ali-Express, Airbnb, entre outras.

Figura 2.3 – Comércio eletrônico (*e-commerce*), cada vez mais presente no cotidiano

Moreira (2012, p. 218) analisa a conjuntura do período pós-guerra:

> Após a Segunda Guerra Mundial, a economia mundial passou por grandes transformações de ordem estrutural, principalmente em relação à indústria — com relevantes consequências para o setor de alta tecnologia — momento este em que as mudanças tecnológicas implicaram uma profunda necessidade de um novo paradigma teórico para maior compreensão do comércio internacional, pois ficava em evidência que o mercado é um *locus* de confronto e de rivalidade entre agentes, onde se exercem relações de poder, poder este conferido pela apropriação (privada) de vantagens absolutas de custo e/ou qualidade, onde a fonte de dinamismo do sistema econômico capitalista é a constante criação e recriação de assimetrias entre as unidades econômicas, assimetrias resultantes da apropriação de vantagens absolutas (de custo e/ou qualidade). Logo, a força motriz básica da geração de vantagens absolutas no processo concorrencial (e, portanto, da criação de assimetrias entre os agentes) é a inovação. Mediante essas transformações, ficavam nítidas as deficiências teóricas dos modelos clássicos, neoclássicos e da nova teoria do comércio internacional de economia de escala e concorrência imperfeita, já que seus pressupostos básicos não respondiam aos desafios e mudanças que o mundo real estava atravessando.

Assim, as modificações impulsionadas pelo período pós-guerra necessitavam de aportes teóricos diferenciados, bem como de políticas que pudessem desenvolver tanto novos

Estados quanto Estados que se encontravam devastados pela Segunda Guerra Mundial.

Nesse sentido, apenas a título exemplificativo, mencionamos o advento de teorias como as do pós-colonialismo e do descolonialismo[13], do construtivismo, do pós-estruturalismo, do neoliberalismo econômico, entre tantas outras.

Em termos políticos, acrescentemos que o momento do pós-guerra era a situação de consolidação de uma nova hegemonia, representada pelos Estados Unidos como detentores do poder político necessário para mover novas ações e atores internacionais. Nesse sentido, ainda hoje, os Estados Unidos têm papel relevante nos estudos internacionais.

> Diversos temas abordados na atualidade dependem dessa posição: o encaminhamento de temas transnacionais, como os direitos humanos, o meio ambiente, as migrações internacionais, o terrorismo, entre outros. Uma das questões centrais da atual conjuntura depende do comportamento e dos interesses internacionais da superpotência restante: a discussão e o avanço de projetos de reforma dos principais regimes e instituições internacionais com o propósito de readequá-los à complexidade da política mundial contemporânea. Afinal, a contribuição americana foi decisiva para a consolidação e o desempenho dos papéis desses regimes e instituições. Uma eventual reconfiguração de poder dentro do Conselho de Segurança, por exemplo, avançaria se houvesse a adesão dos

---

3   Vide Seção 1.3 desta obra, que cuida da análise da globalização e as relações entre hemisfério Norte e hemisfério Sul.

Estados Unidos a qualquer uma das propostas que contemplam maior participação de potências regionais importantes como a Alemanha, a Índia e o Brasil. (Pereira, 2011)

Esse exercício de poder estadunidense ficou evidente no meio do comércio internacional do pós-guerra, sendo o país responsável pelo sucesso e insucesso de várias organizações, como o Fundo Monetário Internacional (FMI), o Banco Central e a Organização Mundial do Comércio (OMC)[14].

— 2.3 —
Conferência de Bretton Woods e instituições criadas

Em meio à necessidade de regulamentação jurídica em torno da economia e das finanças no âmbito internacional, em 1944, ou seja, um ano antes do fim definitivo da Segunda Guerra Mundial, a Conferência de Bretton Woods – que leva o nome do local onde foi realizada e é conhecida como um acontecimento que marca o pós-guerra (até porque suas atividades só se iniciaram em 1946) – foi responsável por reunir diversos governantes e autoridades mundiais com a finalidade maior de pensar em alternativas econômicas e financeiras.

---

4   Esses institutos serão abordados com mais detalhes na Seção 2.3 e no Capítulo 3 desta obra.

Vale destacar, aqui, que da Conferência de Bretton Woods foram gerados os primeiros Acordos de Bretton Woods, tratados internacionais com regras internacionais com vistas à resolução de problemas havidos na sociedade internacional no âmbito econômico e financeiro.

A realidade, à época, não era favorável para grande parte dos Estados, ora porque devastados pela guerra, ora porque eram atingidos, ainda que indiretamente, por parte de perda significativa de mercado europeu na compra de produtos e serviços.

Em contrapartida, outros Estados, principalmente os Estados Unidos, passavam a consolidar sua posição hegemônica na economia e a ter maiores possibilidades de decisões políticas no âmbito internacional, em coordenação apta a conferir um bom funcionamento às novas instituições (Lafer, 2018).

Aliado a tais fatores, os processos de descolonização dos países estavam ganhando cada vez mais força, trazendo a necessidade de realocação de novos Estados no mercado internacional.

Diante de tal conjuntura, ora apresentada de modo bastante resumido, viu-se a necessidade de a sociedade internacional criar um regime jurídico próprio para cuidar das finanças e da economia internacional.

Portanto, era preciso pensar em normas jurídicas internacionais aptas a administrar os conflitos econômicos e financeiros internacionais ora em curso, bem como refletir sobre quais instituições internacionais seriam capazes de impulsionar maior cooperação. Nesse sentido, conforme recorda Alberto do Amaral Júnior (2000, p. 243),

A cooperação, diversamente da harmonia, pressupõe a existência do conflito, envolvendo esforços para superá-lo (Keohane, 1984, p. 51-53). Neste sentido, a cooperação ocorre quando os atores estão em situação real ou potencial de conflito, e não de harmonia. É esta a razão que faz que os governos busquem a coordenação política, evitando a continuidade indefinida do conflito.

Mais especificamente, três são os principais problemas a serem enfrentados e solucionados pela via cooperativa: (1) a eliminação de desequilíbrios provocados pela ausência de pagamento dos Estados em decadência; (2) o auxílio financeiro aos Estados devastados pela guerra; (3) a regulamentação das relações econômicas, financeiras e comerciais internacionais (Amaral Júnior, 2015).

Assim, a Conferência de Bretton Woods e os correlatos Acordos de Bretton Woods resultaram na criação de duas organizações internacionais: o Fundo Monetário Internacional (FMI) e o Banco Internacional para Reconstrução e o Desenvolvimento (BIRD).

O advento de tais instituições como organizações intergovernamentais representou, segundo a doutrina internacionalista, um experimento nunca então concretizado pela sociedade internacional em termos de normas e instituições acerca das relações internacionais monetárias e financeiras, sendo responsável por abrir novamente os mercados internacionais (Ikenberry, 1993).

Outrossim, tratou-se do momento político em que a sociedade internacional passou a empregar de vez os ideais liberais de economia internacional, aliados a um movimento de globalização comercial e ao sistema capitalista, o que traz impactos até os dias atuais.

Para saber mais

Fundo Monetário Internacional (FMI)

O FMI (International Monetary Fund) é uma organização internacional com sede em Washington, D.C., nos Estados Unidos. No Brasil, tem um escritório em Brasília, por meio do qual rege suas atividades no país.

Figura 2.4 – Sede do FMI, em Washington, D.C., Estados Unidos

Kristi Blokhin/Shutterstock

Atualmente, é uma agência especializada do âmbito das Nações Unidas (ONU), voltada à cooperação monetária global, tendo como diretora-geral a política búlgara Kristalina Ivanova Gueorguieva (1º out. 2019 – atual).

Visite os sites *oficiais para conferir informações atualizadas, disponíveis nos idiomas da ONU (inglês, francês, espanhol, russo, árabe ou mandarim):*

IMF – INTERNATIONAL MONETARY FUND. Disponível em: <https://www.imf.org/external/index.htm>. Acesso em: 9 jun. 2020.

IMF – INTERNATIONAL MONETARY FUND. **IMF Office in Brazil**. Disponível em: <https://www.imf.org/en/Countries/ResRep/BRA>. Acesso em: 9 jun. 2020.

Banco Internacional para Reconstrução e Desenvolvimento (BIRD)

O Banco Internacional para Reconstrução e Desenvolvimento (BIRD) é uma organização internacional com sede em Washington, D.C., nos Estados Unidos. No Brasil, tem um escritório central em Brasília.

Figura 2.5 – Sede do Banco Internacional para Reconstrução e Desenvolvimento, atualmente denominado Banco Mundial, em Washington, D.C., Estados Unidos

Trata-se, na atualidade, de uma agência especializada do âmbito das Nações Unidas (ONU). A organização passou por mudanças ao longo dos anos, expandindo-se como uma instituição entre cinco do Grupo Banco Mundial. Originalmente, seus empréstimos ajudaram a reconstruir países devastados pela Segunda Guerra Mundial, mas, com o tempo, o foco mudou da reconstrução para o desenvolvimento.

Visite os sites oficiais da instituição para conferir informações atualizadas:

THE WORLD BANK. Disponível em: <https://www.worldbank.org>. Acesso em: 9 jun. 2020.

THE WORLD BANK. **O Banco Mundial no Brasil**. Disponível em: <https://www.worldbank.org/pt/country/brazil>. Acesso em: 9 jun. 2020.

NAÇÕES UNIDAS DO BRASIL. **Banco Mundial**. Disponível em: <https://nacoesunidas.org/agencia/bancomundial/>. Acesso em: 9 jun. 2020.

Conforme é possível notar, cada instituição tem seu propósito específico. Assim, ao passo que o FMI visa garantir estabilidade monetária e evitar crises financeiras, controlando e monitorando o sistema internacional das finanças, o Banco Internacional para Reconstrução e Desenvolvimento (BIRD), hoje parte do Banco Mundial, visa conceder empréstimos para financiar Estados devastados pela Segunda Guerra Mundial e Estados em fase de desenvolvimento (de baixa e média renda).

Vale frisar que o FMI não cuida somente de questões monetárias, mas também é instituição incumbida de monitorar o desempenho da economia de seus Estados-membros, analisando fatores macroeconômicos, como políticas de taxas de câmbio, administração dos fluxos financeiros e orçamentários do governo, bem como monitorando as políticas estruturais existentes (Cretella Neto, 2014).

Nessa perspectiva, talvez o papel mais evidente do FMI seja a concessão de empréstimos em razão de crises econômicas. Desse modo, vale a constatação das principais diferenças entre os empréstimos concedidos pelo FMI e os empréstimos concedidos pelo Banco Mundial.

Resumidamente, o Banco Mundial concede empréstimos a projetos específicos dos Estados em desenvolvimento ou em reconstrução (Cretella Neto, 2014), a exemplo maior de projetos que impactam a educação básica, para fins de proporcionar maior acesso da população de países de baixa e média renda ao ensino formal (Mota Júnior; Maués, 2014).

Por outro lado, o FMI não financia projetos, mas concede empréstimos em troca de cumprimento e pagamento das condições impostas, de austeridade fiscal e monetária ao Estado em crise. Conforme explica José Cretella Neto (2014, p. 139):

> A assistência econômica do FMI a países em desenvolvimento com déficits na balança de pagamentos, dentro de certos limites, é automática. Em outros casos, o auxílio financeiro deve ser negociado entre o país-tomador e o FMI, sendo concedido

sempre condicionado à adoção de políticas de saneamento econômico-financeiras aprovadas pelo Fundo. As alterações acordadas nas esferas econômicas e financeiras dos Estados que tomam recursos emprestados devem constar de uma carta de intenções, subscrita por um representante do governo do país que se beneficia dos créditos.

Neste ponto, muito se comenta a respeito dos empréstimos conferidos pelo FMI, sendo alvo de intensas críticas. Vejamos exemplos de opiniões acerca desses empréstimos, conforme noticiados pela imprensa:

> O presidente eleito da Argentina, Alberto Fernández, anunciou, nesta terça-feira 26 [nov 2019], que não solicitará ao Fundo Monetário Internacional (FMI) uma parcela pendente de 11 bilhões de dólares do empréstimo de 57 bilhões de dólares concedido pela organização ao país em 2018.
>
> "Tenho um problemão e vou pedir mais dinheiro?", questionou Fernández em uma entrevista. "Se você tem um problema porque está muito endividado, acredito que a solução não é continuar se endividando", acrescentou. [...]. (Fernándes..., 2019)
>
> Que efeitos tem o empréstimo do Fundo Monetário Internacional na vida dos angolanos? Analista alerta para "cocktail" de dificuldades, com austeridade e diminuição do poder de compra, e aumento da insatisfação. [...]. (Silva, 2019)
>
> O Fundo Monetário Internacional vai encerrar, nos próximos meses, a delegação que tem em Atenas. [...]

"Há quase dez anos, que os tecnocratas do FMI estão alojados num edifício, num escritório sem sinalética, no coração de Atenas. Foi aqui que foram escritos os relatórios 'quentes' para a economia grega. Os relatórios sobre a Grécia continuarão a ser escritos no futuro, mas sem contacto direto com a burocracia grega. Serão elaborados no contexto das avaliações gerais do FMI sobre todos os outros países", relata a jornalista da euronews, Symela Touchtidou.

A Grécia esteve uma década sob três programas de ajuda financeira, num resgate total de 290 mil milhões de euros. A convivência entre as autoridades gregas e o FMI nem sempre foi fácil. (Grécia..., 2020)

Inclusive, diante de diversificadas crises mundiais, sobretudo da crise financeira de 2008, as próprias instituições do FMI e do BIRD passaram por reformas internas variadas, com vistas a concretizar seus objetivos e a continuar a proporcionar o multilateralismo.

De todo modo, verificando os pontos negativos ou positivos da atuação das instituições, é pacífico o entendimento de que o sistema Bretton Woods lançou as bases de uma nova ordem econômica mundial no pós-Segunda Guerra.

Nesse sentido, a Conferência de Bretton Woods não conseguiu, naquele instante, criar uma organização específica voltada ao comércio internacional. Ainda era preciso definir, em conjunto, uma instituição ou um mecanismo responsável pela regulação das relações comerciais internacionais, que ainda enfrentavam um forte protecionismo derivado de duas guerras mundiais. Foi após a Segunda Guerra Mundial, em 1947, que foi dado um dos primeiros passos para uma organização do comércio, sem sucesso na ocasião, contudo[15].

Em síntese

Conferência Bretton Woods (1944)

- **Problemas enfrentados** (Amaral Júnior, 2015):
  - Necessidade de eliminar desequilíbrios provocados pela ausência de pagamentos.
  - Necessidade de conferir auxílio financeiro aos Estados devastados pela Segunda Guerra Mundial.
  - Necessidade de regulação jurídica a respeito da economia monetária e financeira internacional pela via da cooperação.
- **Resultados**:
  - Criação das seguintes organizações internacionais:
    a. Fundo Monetário Internacional (FMI);
    b. Banco Internacional para Reconstrução e Desenvolvimento (BIRD).
  - Oportunidade de multilateralismo econômico (cooperação em âmbito global).

---

5 Sobre o comércio internacional e seus aprimoramentos, confira o Capítulo 3, no qual trataremos do histórico das instituições comerciais internacionais de modo específico.

Capítulo 3

Multilateralismo e regionalismo econômico

Neste capítulo, daremos destaque à análise da relação entre multilateralismo e regionalismo econômico, na condição de embate travado na prática e discutido pelas teorias comerciais internacionais.

De modo geral, as questões centrais que poderiam ser aqui colocadas e cujas respostas serão elucidadas ao longo deste capítulo são as seguintes: A integração regional prejudica o multilateralismo? Há conciliação entre multilateralismo e regionalismo?

Desde já, salientamos que o multilateralismo traz a ideia principal de cooperação, coordenação, de âmbito universal, procurando englobar boa parte (senão todos) dos Estados do globo terrestre.

Por outro lado, o regionalismo oferece a possibilidade de cooperação entre partes específicas, unidas pelos mesmos problemas e intenções existentes em torno de uma região.

Para a compreensão do dilema, primeiramente, cabe examinar a Organização Mundial do Comércio (OMC), instituição incumbida justamente de proporcionar o multilateralismo comercial internacional.

Mais especificamente, apresentaremos os antecedentes históricos ao surgimento da OMC, o momento de sua instituição e as finalidades principais dessa organização internacional, além de sua estrutura, tudo em conformidade com os principais tratados internacionais que versam sobre o tema.

Em razão da importância conferida à OMC, dedicamos uma seção específica para o estudo do Sistema de Solução de Controvérsias existente na organização, assim como para a análise sintetizada dos principais contenciosos comerciais que envolveram o Brasil.

Salientamos que, de acordo com parte dos teóricos e conforme acontecimentos históricos recentes, a OMC vive um momento crucial na atualidade, que exige avaliação da organização internacional e demanda a construção de modos de combate de fraquezas institucionais existentes.

Muito se questiona, sobretudo nos últimos anos, se a OMC remanescerá em meio a disputas comerciais cada vez mais acirradas e tecnológicas, bem como se continuará firme em seu propósito multilateral em face da ausência de colaboração por parte de alguns Estados e, ao mesmo tempo, de ascensão comercial de outros Estados.

Sejam quais forem os rumos da OMC, certo é que o comércio internacional requer a análise dessa organização internacional, de suas conquistas históricas e dos percalços em tempos atuais. Trata-se de necessidade, inclusive, para que seja possível avaliar possibilidades futuras e construir novas resoluções possíveis.

— 3.1 —
Multilateralismo na OMC e regionalismo nos blocos econômicos

Para a compreensão do funcionamento cooperativo no âmbito da OMC, é preciso constatar, em um primeiro instante, os antecedentes históricos dessa organização internacional e da relação porventura existente entre multilateralismo e regionalismo.

Figura 3.1 – Sede da OMC, localizada em Genebra, capital da Suíça

Conforme visto no capítulo anterior, se a Conferência de Bretton Woods (1944) definiu as bases do sistema econômico e financeiro internacional, era preciso, ainda, cuidar da regulação

internacional das relações comerciais do pós-Segunda Guerra Mundial.

Assim, em 1947, diversos países reuniram-se em Cuba, na Conferência de Havana, com a intenção maior de criação da Organização Internacional do Comércio (OIC), a qual, contudo, nunca chegou a entrar em funcionamento diante da negativa dos Estados Unidos. Notadamente, a OIC não foi concretizada por força do congresso estadunidense, que, ao se ver diante da possibilidade de perda de autonomia, culminou por não ratificar a Carta de Havana de 1947.

Ainda que se assim fosse, observa Paulo Roberto de Almeida (2004) que a instituição formal da OIC, a denominada *Carta de Havana*, contou com poucos adeptos, e apenas dois países chegaram a ratificá-la: a Austrália, de forma condicional, e a Libéria, incondicionalmente.

Em lugar de uma organização internacional, então, houve a proposta de um acordo, o Acordo Geral sobre Tarifas e Comércio, denominado comumente pela sua sigla em inglês, GATT – *General Agreements on Tariffs and Trade*. A respeito das particularidades do GATT/1947 e da conjuntura da época, observa Ricardo Seitenfus (2012, p. 574):

> O grupo preparatório da Conferência de Havana havia redigido um Acordo Geral sobre Tarifas e Comércio (General Agreement of Tariffs and Trade – GATT), que foi subscrito por 23 países. Assim, na impossibilidade de uma OIC, os países contentam-se com um GATT, pois o acordo retomava, sobre as questões comerciais, a essência da Carta de Havana.

Originalmente, o GATT não foi concebido para ser uma organização especializada das Nações Unidas. Ele pode ser definido como um *acordo comercial multilateral dinâmico*.

Com o objetivo central de regularização e liberalização do comércio, o GATT foi um tratado internacional que, com o passar do tempo, deu origem a uma organização internacional de fato: a OMC (Amaral Júnior, 2015).

Mais especificamente, com a previsão de negociações comerciais multilaterais, realizadas a cada dois anos e denominadas de *rodadas* (Gomes; Montenegro, 2018), cabe destaque à Rodada Uruguai, iniciada em 1986, em Punta del Este, no Uruguai, e com fim em 1994, em Marraquesh, no Marrocos, da qual resultou a criação formal da OMC.

Na ocasião, houve alteração do GATT/1947, contemplando a formalização da OMC, sendo, por isso mesmo, também conhecida como GATT/1994. Em análise da conjuntura da Rodada Uruguai e de seus resultados, observa Ricardo Seitenfus (2012, p. 614-615):

> A Rodada Uruguai foi, em razão dos temas abordados e dos percalços enfrentados na tentativa de aproximar posições a que apresentou as maiores dificuldades de concretização. Além da diminuição de mais de um terço das tarifas médias de proteção de todos os produtos, inclusive agrícolas, até o ano 2000, a Rodada Uruguai inclui novos temas na mesa de negociações. Os países industrializados, em particular os Estados Unidos, conseguiram colocar na pauta a liberalização do setor

terciário. Portanto, os serviços de instituições financeiras, transportes, investimentos, seguros e propriedade intelectual, que são dominados de forma quase absoluta pelos países industrializados, foram incluídos na pauta da Rodada. [...]

Apesar de todas estas dificuldades, a Rodada Uruguai pôde ser encerrada com o Acordo de Marrakesh em 1994. A partir daquele momento, desapareceu o GATT, após meio século de atividades, e surgiu como herdeira dos compromissos assumidos a Organização Mundial de Comércio, que deverá vir a ser uma instituição especializada e autônoma das Nações Unidas.

Vale recordar e frisar: a OMC, na condição de organização internacional de âmbito global, foi instituída de maneira formal como organização internacional dotada de personalidade jurídica, a partir da Rodada Uruguai (1994), que alterou o texto do GATT/1947.

As finalidades e as funções da OMC são:

Artigo II

Escopo da OMC

1. A OMC constituirá o quadro institucional comum para a condução das relações comerciais entre seus Membros nos assuntos relacionados com os acordos e instrumentos legais conexos incluídos nos anexos ao presente acordo.

2. Os acordos e os instrumentos legais conexos incluídos nos anexos 1, 2 e 3 (denominados a seguir "Acordos Comerciais Multilaterais") formam parte integrante do presente acordo e obrigam a todos os Membros

3. Os acordos e os instrumentos legais conexos incluídos no anexo 4 (denominados a seguir "Acordos Comerciais Plurilaterais") também formam parte do presente acordo para os Membros que os tenham aceito e são obrigatórios para estes. Os Acordos Comerciais Plurilaterais não criam obrigação nem direitos para os Membros que não os tenham aceitado.

4. O Acordo Geral sobre Tarifas Aduaneiras e Comércio de 1994 conforme se estipula no anexo 1A (denominado a seguir "GATT 1994") é juridicamente distinto do Acordo Geral sobre Tarifas Aduaneiras e Comércio com data de 30 de outubro de 1947, anexo à Ata Final adotada por ocasião do encerramento do segundo período de sessões da Comissão

Preparatória da Conferência das Nações Unidas sobre Comércio e Emprego, posteriormente retificado, emendado ou modificado (denominado a seguir "GATT 1947").

Artigo III

Funções da OMC

1. A OMC facilitará a aplicação administração e funcionamento do presente Acordo e dos Acordos Comerciais Multilaterais e promoverá a consecução de seus objetivos e constituirá também o quadro jurídico para a aplicação, administração e funcionamento dos Acordos Comerciais Plurilaterais.

2. A OMC será o foro para as negociações entre seus Membros acerca de suas relações comerciais multilaterais em assuntos tratados no quadro dos acordos incluídos nos Anexos ao presente Acordo. A OMC poderá também servir de foro para ulteriores negociações entre seus Membros acerca de suas relações comercias multilaterais e de quadro jurídico para a

aplicação dos resultados dessas negociações segundo decida a Conferência Ministerial.

3. A OMC administrará o entendimento relativo às normas e procedimentos que regem a solução de controvérsias (denominado a seguir 'Entendimento sobre Solução de controvérsias' ou 'ESC') que figura no Anexo 2 do presente Acordo.

4. A OMC administrará o mecanismo de Exame das Políticas comerciais (denominado a seguir 'TPRM') estabelecido no anexo 3 do presente Acordo.

5. Com o objetivo de alcançar uma maior coerência na formulação das políticas econômicas em escala mundial, a OMC cooperará no que couber com o Fundo Monetário Internacional e com o Banco Internacional de Reconstrução e Desenvolvimento e com os órgãos a eles afiliados. (Brasil, 2020a)

Para saber mais

As principais normas que incidem no âmbito da OMC e o texto do GATT/1947 encontram-se disponibilizadas, em português, no site do Ministério da Economia para leitura e análise pormenorizada. Confira em:

BRASIL. Ministério da Economia. **Acordos da OMC**. Disponível em: <http://www.mdic.gov.br/comercio-exterior/negociacoes-internacionais/1885-omc-acordos-da-omc>. Acesso em: 9 jun. 2020.

Dessa forma, malgrado todas as transformações institucionais, o GATT/1994 manteve a intenção principal, qual seja, liberalizar o comércio internacional e evitar práticas comerciais desleais e protecionistas em âmbito global.

Tal intento seria concretizado por meio da redução das tarifas aduaneiras e em observância a princípios centrais, sobretudo o princípio da não discriminação, do qual derivam o princípio da cláusula da nação mais favorecida e princípio do tratamento nacional.

De acordo com referido princípio, previsto nos Artigos I e III do GATT, os países não podem estabelecer discriminações entre seus entes, e a vantagem concedida para um país-membro da OMC deverá ser estendida aos demais.

Na prática, um exemplo de aplicação de tal princípio "consiste na hipótese de o país A, membro da OMC, conceder uma vantagem comercial para o país B, também integrante daquela organização, com o que dita medida deverá ser estendida aos demais Estados da Organização Mundial do Comércio" (Gomes; Montenegro, 2018, p. 35).

Por consequência, os membros da OMC são revestidos de neutralidade concorrencial, para fins de assegurar igualdade de oportunidade de competição no âmbito internacional (Silva, 2016).

Trata-se, pois, de expressão máxima do liberalismo e de regras multilaterais, aptas a reger diversas relações comerciais entre partes distintas. Reiteramos, aqui, que o multilateralismo nada mais é que a denominação dada à cooperação e à coordenação em âmbito global.

Nesse contexto, sobressai a questão do embate entre o multilateralismo pregado pela OMC e o regionalismo característico dos blocos econômicos, formados justamente para garantir maiores condições de comércio entre Estados pertencentes a uma região específica. Assim, a título exemplificativo, os Estados-membros do Mercosul (bloco do qual o Brasil é integrante) têm vantagens econômicas no comércio entre seus envolvidos, não abarcando todos os Estados do mundo.

É no regionalismo econômico, ilustrado pela formação de blocos econômicos, bem como no multilateralismo, que estão assentadas as bases para o funcionamento das economias mundiais (Gomes, 2015). Mas como explicar a relação entre ambos?

Ora, a própria OMC estava ciente de que não bastava o discurso favorável ao livre-comércio diante da continuidade da existência de políticas protecionistas, sendo necessário criar condições em que membros semelhantes pudessem ter vantagens específicas. Além disso, há situações que impõem, por vezes, o fechamento de fronteiras de mercado, a exemplo maior de questões relacionadas a um surto de saúde mundial, etc.

Trata-se, pois, da denominada *cláusula de salvaguarda*, prevista nos Artigos 19 e 20 do GATT/1994:

> Tal cláusula é conceituada como uma medida excepcional, temporária e justificável, que pode ser adotada pelo Estado quando determinado setor de sua indústria não pode fazer frente a um mesmo segmento da indústria estrangeira. Nesse caso, o Estado, de maneira lícita, pode "proteger" o setor da

indústria, concedendo incentivos, de forma a torná-lo apto a concorrer no cenário internacional, transcorrido um determinado período. (Gomes, 2015, p. 61)

Assim, o GATT/1994 estabelece exceções gerais, em seu Artigo 20, aos princípios da nação mais favorecida e do tratamento nacional, dispondo que o Acordo não impede a adoção de medidas que tenham o objetivo de proteção da moral pública; da saúde humana, animal ou vegetal; do comércio de ouro e prata; de patentes, marcas e direitos autorais; dos tesouros artísticos e históricos; dos recursos naturais exauríveis; e da garantia de bens essenciais.

Além da cláusula geral do Artigo 20, outras exceções específicas foram previstas, a exemplo da possibilidade de realização de blocos econômicos, conforme disposto no Artigo 24 do GATT/1994, conhecidos também como *acordos preferenciais de comércio*.

Ainda, o Artigo 23 do GATT/1994 prevê o princípio do favorecimento às economias menores, que estabelece que "os Estados (economias) menos favorecidos poderão ter um tratamento mais favorável em relação a determinadas políticas, de forma a tornar o comércio internacional mais justo e equilibrado" (Gomes, 2015, p. 59).

Nesse sentido, por exemplo, no âmbito da América Latina e da América do Sul, o regionalismo, ilustrado por meio de organizações internacionais variadas (a exemplo maior do Mercosul), ganhou especial importância para seus Estados e para o comércio entre os respectivos membros.

Desse modo, verificamos que regionalismo e multilateralismo convivem em conjunto no regime jurídico comercial internacional, não necessariamente realizando um embate com um dominante comum (o regionalismo em detrimento do multilateralismo para toda e qualquer situação de comércio de bens ou serviços ou vice-versa). Portanto, são processos complementares e não opostos.

Inclusive, a análise dos acordos preferenciais de comércio faz parte da própria história da OMC e da realidade presente ao longo do tempo. Sobre o tema, Gomes (2015, p. 64) ressalta:

> No comércio internacional, a celebração de acordos preferenciais entre os Estados ocorre desde o século XIX, a partir dos Principados Germânicos Unidos em *Zollverein*, em 1833, e com os acordos bilaterais celebrados pelos Estados Unidos no mesmo período (Oliveira; Badin, 2013). Tais acordos foram institucionalizados no GATT 1947 com a criação dos blocos econômicos e fundamentados no disposto em seu art. 24.
>
> Em verdade, quando se trata de acordos preferenciais na OMC, a ideia é o regionalismo; assim, os chamados *acordos preferenciais de comércio* se traduzem em negociações celebradas entre os Estados, na OMC, com o intuito de estabelecer regras e procedimentos recíprocos em termos econômicos e comerciais.
>
> Atualmente, além dos blocos econômicos, vistos no capítulo anterior, o que se verifica na OMC é justamente uma

proliferação de acordos comerciais entre os Estados. Certo é que, pela teoria econômica, os blocos econômicos são igualmente conceituados como *acordos preferenciais*, uma vez que se enquadram nas regras do art. 24 do GATT 1994.

Consequentemente, vale reiterar que o regionalismo, como reflexo da globalização econômica, pode e deve conviver com as regras do multilateralismo. Para tanto, outros princípios do âmbito da OMC devem ser observados também, com destaque para o princípio da transparência, que, basicamente, prevê o dever de os Estados informarem suas políticas comerciais.

O histórico da OMC e seus princípios basilares são assuntos de conhecimento imprescindível a todos aqueles que pretendem prestar concursos públicos que demandem matérias de economia, de comércio internacional ou de direito internacional público. Nesse sentido, confira como o tema é cobrado e procure responder à questão que segue.

Exercício resolvido

(TRF 2ª Região – 2018 – TRF 2ª Região) Com relação à OMC e ao GATT, assinale a alternativa correta:

I. O GATT foi o resultado de negociações que surgiram em 1955 e atualmente integra a estrutura da OMC, cuja finalidade é expandir o comércio internacional, os acordos preferenciais e evitar as barreiras tarifárias.

II. O GATT adota o princípio da nação mais favorecida, ou seja, um favorecimento alfandegário oferecido a uma nação deve ser extensível aos demais países.

III. A cláusula de habilitação, enquanto princípio do GATT, admite uma exceção ao princípio da nação mais favorecida.
IV. A OMC, cuja sede está situada em Zurich, pode adotar medidas compensatórias para regular a ordem econômica internacional.
a) Estão corretas apenas as assertivas I e II.
b) Estão corretas as assertivas I, II e IV.
c) Estão corretas as assertivas II e III.
d) Todas as assertivas estão corretas.
e) Estão corretas as assertivas I e IV.

Gabarito oficial: c.

Comentários à questão: *Cumpre tecer comentários a cada um dos itens para fins de compreensão da resposta correta. O item I não expressa o ano exato no qual o GATT surgiu; na realidade, conforme visto, há dois momentos cruciais quando se trata de comércio internacional: o GATT/1947 e o GATT/1994. O item II está correto e expressa o significado do princípio da nação mais favorecida, conforme já explanado. O item III está correto, sendo a base jurídica dos blocos econômicos regionais. O item IV é falso, pois a sede da OMC é localizada em Genebra, na Suíça, e não em Zurique (Zurich). Logo, apenas os itens II e III estão corretos, devendo ser assinalada a alternativa "c".*

Ainda assim, é preciso encontrar equilíbrio na relação entre regionalismo e multilateralismo, de modo que os acordos regionais não poderão conter direitos e regulamentos mais elevados ou restritivos do que aqueles que existiam antes da formação do acordo (Amaral Júnior, 2000)[1].

Em síntese

Multilateralismo na OMC e regionalismo nos blocos econômicos

- Embate entre multilateralismo e regionalismo: oposição ou complementariedade?
  - Processos complementares.
  - Exceções ao princípio da nação mais favorecida → previsão no próprio GATT/1994.

— 3.2 —

OMC: competência, normas e estrutura

Verificado o processo histórico da OMC, resta proceder à análise propriamente dita desse organismo, como conceituação, normas e competências principais, estrutura e desafios atuais.

---

1 Para saber mais sobre os blocos econômicos e os processos de integração regional, vide Capítulo 4 desta obra.

Juridicamente, a OMC, também denominada pela sigla de seu acordo constitutivo – GATT/1994 –, pode ser considerada uma organização internacional intergovernamental, formada pela vontade de seus Estados-membros e com o objetivo central de liberalização do comércio internacional.

Sobre esse aspecto, reiteramos que a OMC existe desde 1994, por força do GATT/1994, que modificou os acordos comerciais consistentes no GATT/1947. Observa Ricardo Seitenfus (2012, p. 613) que a OMC é uma organização internacional com peculiaridades:

> O GATT deve ser considerado como sendo uma organização internacional especial na medida em que possui duas faces distintas: por um lado, trata-se de um rol de normas procedimentais sobre as relações comerciais entre os Estados-Partes. Estas atividades são de cunho jurídico, pois dizem respeito à elaboração, prática e controle de regras de direito material. Por outro lado, trata-se de um fórum de negociação comercial onde, através de instrumentos próprios à diplomacia parlamentar, de natureza comercial, procura-se aproximar posições entre os Estados-Partes. Esta face é de natureza essencialmente política.

Com sede em Genebra, na Suíça, conta com três línguas oficiais: inglês, francês e espanhol. Até o presente momento, segundo dados do Itamaraty, a OMC tem 164 membros, entre os quais está o Brasil. A OMC também conta com Estados observadores, como a Argélia (África), a Líbia (África), a Somália (África), a Samoa (Ásia), a Sérvia (Europa), entre outros. Na imagem ilustrativa da Figura 3.2, a seguir, é possível constatar que grande parte do mundo é membro da referida organização.

Figura 3.2 – Mapa da Organização Mundial do Comércio (WTO – World Trade Organization)

A categoria de Estado observador pressupõe que houve a inscrição do país para tornar-se membro, contando com um prazo de cinco anos (à exceção do Vaticano, que não se submete a tal lapso temporal) para a conclusão do processo de entrada na organização como membro.

Para saber mais ────────────────────

O site oficial da Organização Mundial do Comércio (WTO – World Trade Organization), disponível em inglês, francês e espanhol, reúne todas as normativas e os tratados internacionais relativos ao comércio internacional multilateral. Além disso, traz demais informações, novidades e notícias sobre a organização.

WTO – World Trade Organization. Disponível em: <https://www.wto.org/>. Acesso em: 9 jun. 2020.

Mais especificamente, o Brasil faz parte da OMC desde seus primórdios, o GATT/1947, contando com diplomacia atuante e reconhecida em termos de comércio internacional. Inclusive, há variados casos vitoriosos que tramitaram no Órgão de Solução de Controvérsias da OMC, o qual cuida da análise dos conflitos comerciais[12].

A OMC é tema jurídico que pode ser alvo de variadas questões inseridas em matérias como direito internacional, economia, ciência política e relações internacionais. Confira, a seguir, como a banca Cespe cobrou, recentemente, do candidato a procurador do Ministério Público de Contas, o conhecimento geral do que seria a OMC e procure responder à questão.

---

2   Para saber mais sobre o sistema de solução de controvérsias, vide a Seção 3.3 deste capítulo.

Exercício resolvido

(Cespe – 2019 – TCE-RO) A Organização Mundial do Comércio (OMC) é uma organização internacional formal:

a) com personalidade jurídica própria, constituída por membros e dotada de um órgão de solução de controvérsias.

b) sem personalidade jurídica própria, constituída por contratantes e desprovida de um órgão de solução de controvérsias.

c) com personalidade jurídica própria, constituída por contratantes e desprovida de um órgão de solução de controvérsias.

d) sem personalidade jurídica própria, constituída por membros e dotada de um órgão de solução de controvérsias.

e) com personalidade jurídica própria, constituída por contratantes e dotada de um órgão de solução de controvérsias.

Gabarito oficial: *a*.

Comentários à questão: A OMC, *na condição de organização intergovernamental, é dotada de personalidade jurídica e conta, em sua estrutura, com um Órgão de Solução de Controvérsias.*

Entre os objetivos principais da OMC encontram-se, por certo, a liberalização do comércio internacional e a promoção de uma competição leal, alcançadas por meio dos princípios-vetores, que guiam todas as atividades da organização. Conforme já analisados na seção anterior, reiteramos aqui os principais **princípios da OMC**:

- princípio da não discriminação;
- princípio da nação mais favorecida;
- princípio do tratamento nacional;
- princípio da transparência.

Ademais, para a liberalização do comércio e a consecução dos objetivos centrais da OMC, é preciso não apenas liberalizar o comércio e fortalecer a lealdade, mas também realizar o combate às práticas comerciais desleais, demonstradas, por exemplo, em mecanismos como o *dumping* e o *dumping* social.

Gomes (2015, p. 55) esclarece o que se entende por *dumping* e sua diferenciação em relação ao *dumping* social:

> o dumping consiste na venda de um produto abaixo de seu preço de custo, conforme disposto no art. 6º do GATT 1994. Cabe ao Estado combater a prática do dumping em seu mercado. Já o chamado dumping social decorre de uma prática realizada pelas empresas transnacionais que se instalam em mercados em que não existe regulamentação e proteção dos direitos sociais e buscam um maior lucro na venda de seus produtos, mediante a redução dos custos com a mão de obra (violação dos direitos sociais). Podem ser citadas as seguintes práticas: trabalho em jornada excessiva e sem o devido descanso, trabalho em condições insalubres, violação ao direito de usufruir de férias, trabalho em condições análogas a de escravo etc.

Nesse contexto, constatamos que as práticas desleais devem ser combatidas por meio da OMC, o que traz impactos positivos aos Estados, incluindo, certamente, países como o Brasil, para fins de conseguir competir em âmbito internacional. O diplomata brasileiro Luiz Felipe Lampreia (2010, p. 123) elucida:

> Ao Brasil, assim como à imensa maioria das nações do mundo, que não possui nem os instrumentos, nem a vocação para o jogo bruto da lei do mais forte, interessa um sistema multilateral de comércio sólido, baseado na OMC. É nela que está a nossa melhor defesa e a nossa maior conquista em termos de direitos comercial internacional, porque nos protege contra os abusos e nos dá os recursos de um sistema de solução de controvérsias adequado.

Assim, para conseguir executar seus objetivos centrais e, inclusive, auxiliar países em desenvolvimento e subdesenvolvidos, a OMC tem uma estrutura específica que cuida da observância dos seus princípios-guias, com vistas a combater os mecanismos comerciais desleais.

Nesse contexto, vejamos os **principais órgãos da OMC**:

- Conferência Ministerial;
- Conselho Geral;
- Órgão de Solução de Controvérsias (OSC);
- Órgão de Revisão de Política Comercial;

- Conselho sobre o Comércio de Bens;
- Conselho sobre o Comércio de Serviços;
- Conselho sobre os Direitos de Propriedade Intelectual Relacionados ao Comércio;
- Comitês e Grupos de Trabalho;
- Secretariado;
- Diretor-Geral.

A **Conferência Ministerial** é considerada o órgão supremo da OMC, sendo composta por todos os membros da organização, ou seja, pelos Estados-partes, representados, por sua vez, pelo chefe do Executivo ou pelo respectivo ministro das Relações Exteriores ou ministro do Comércio Exterior.

No caso do Brasil, no atual governo, o ministro das Relações Exteriores é o embaixador Ernesto Henrique Fraga Araújo, e o ministro da Economia é o economista brasileiro Paulo Roberto Nunes Guedes – pessoas que poderão deter a carta de plenos poderes, conferida pelo chefe do Poder Executivo (presidente da República), para assinar tratados internacionais afetos ao tema do comércio internacional.

A Conferência Ministerial reúne-se em Genebra, Suíça, na sede da OMC, no mínimo a cada dois anos, com competência para discutir e emitir decisões sobre as matérias objeto dos acordos nas reuniões.

Figura 3.3 – Local de reuniões da Conferência Ministerial da OMC

O **Conselho Geral** da OMC implementa as decisões tomadas na Conferência Ministerial. Esse órgão diretivo está localizado na sede da OMC, em Genebra, Suíça, e é integrado por embaixadores ou delegados dos países-membros permanentes da instituição.

O **Órgão de Solução de Controvérsias (OSC)**, em razão de suas características e de seu funcionamento, será abordado na próxima seção deste capítulo, na qual evidenciaremos mais detalhes e os impactos para a relação com o Brasil.

Ao seu turno, o **Órgão de Revisão de Política Comercial** realiza, conforme o nome indica, revisões periódicas a respeito das questões comerciais havidas entre os membros da OMC, constatando a observância, por parte destes, dos acordos comerciais multilaterais.

Os Conselhos, como o **Conselho sobre o Comércio de Bens**, o **Conselho sobre Comércio de Serviços** e o **Conselho sobre os Direitos de Propriedade Intelectual**, todos submetidos pelo Conselho Geral, cuidam, basicamente, da implementação dos acordos realizados no âmbito de suas atribuições (comércio de bens, de serviços ou de direitos de propriedade intelectual).

Os **Comitês e Grupos de Trabalho**, criados pela Conferência Ministerial, analisam os temas colocados em pauta, a exemplo de comitê voltado ao comércio e meio ambiente sobre acordos regionais de comércio.

O **Secretariado**, dirigido pelo Diretor-Geral, é responsável pelos assuntos administrativos da organização.

Por fim, o **Diretor-Geral** é a pessoa responsável pela instituição durante um mandato temporário (de quatro anos, podendo ser reconduzido por igual período), sendo escolhido por meio de decisão da Conferência Ministerial.

Atualmente, o Diretor-Geral da OMC é o diplomata brasileiro Roberto Azevêdo, que cumpriu mandato de 2013 a 2017 e exerce, agora, mandato de 2017 a 2021, fato que demonstra a atuação brasileira no campo internacional e o reconhecimento do país como *global player* e *global trader*.

Ainda assim, ressaltamos que a posição de Diretor-Geral da OMC exige que este atue em nome e para os interesses da instituição organizacional intergovernamental, e não propriamente em prol apenas de seu Estado de origem.

Tal estruturação da OMC revela, pois, uma complexa organização que foi consolidada ao longo dos anos, mas que ainda é refém de variados desafios trazidos por força da globalização econômica e das políticas comerciais adotadas pelos Estados. Segundo observou Ricardo Seitenfus (2012, p. 648),

> A OMC enfrenta quatro questões fundamentais, que condicionam a sua consolidação como ordenadora do comércio internacional. Em primeiro lugar, não ficou claramente estabelecida a proibição de tomada de medidas de represálias de forma unilateral. Portanto, os países poderão tomar iniciativas sem submeter-se ao sistema de solução de controvérsias da OMC, quando se sentirem prejudicados pela política comercial de outro. Esta é uma prática corrente dos Estados Unidos que deverá prosseguir.
>
> Em segundo lugar, os países menos desenvolvidos continuam a reclamar um tratamento diferenciado, tanto no que diz respeito às tarifas que deverão proteger seu mercado quanto ao acesso aos mercados dos países desenvolvidos. Nestas condições prevê-se que a OMC não conseguirá colocar em prática nos próximos anos a universalização de suas regras básicas.
>
> Em terceiro lugar, apesar da liberalização comercial, o desemprego, tanto nos países industrializados quanto nos PVD, continua em ascensão. Ao alcançar patamares somente verificados em períodos de grave recessão da economia mundial, transformando-se em fenômeno estrutural em vários países, o desemprego pode induzir os Estados partes a adotar medidas protecionistas.

Enfim, os processos de integração econômica, como, por exemplo, a União Europeia e o MERCOSUL, que são constituídos sobre a base de uma discriminação tarifária com relação aos terceiros países, continuam a provocar dificuldades para uma liberalização tarifária ampla e sem restrições.

Como desafio da OMC na atualidade, acrescenta-se o crescimento econômico e a ascensão da China, sobretudo quando passou a ser Estado-membro da OMC, em 2001. A princípio, de acordo com a teoria liberal comercial de Baylis, Smith e Owens (2017),

> Uma análise liberal da adesão da China à OMC enfocaria os vínculos entre comércio e abertura, desenvolvimento e relações internacionais de cooperação, particularmente em ambiente globalizado. Como o capítulo 7 observou, desde o século XIX, muitos liberais teóricos argumentaram que o comércio gera ganhos mútuos para todos os países envolvidos; a globalização aumentou o custo de oportunidade da não participação e criou incentivos à abertura econômica [...].

Contudo, a prática comercial demonstrou, principalmente nos últimos anos, um acirramento econômico entre China, de crescimento comercial inegável, e Estados Unidos, como hegemonia em declínio, situações que culminam por impactar o Brasil. Em simples termos, de acordo com parte dos teóricos,

> O crescimento da China assusta e abala a posição de conforto dos EUA no topo do sistema internacional. Isso significa que, cada vez mais, os Estados Unidos perdem sua posição como indiscutível potência hegemônica. E o que, de maneira simples, significa hegemonia? Bem, significa que os EUA têm relevância direta à nível global em áreas como economia, defesa e diplomacia, conferindo ao país influência internacional e, consequentemente, muito poder. E é contra toda essa influência mundial que a China propõe oposição, seja porque o PIB da China aumenta quase dez vezes mais rápido que o dos EUA, ou porque as despesas militares da China (tendo chegado, em 2011, um orçamento militar de US$ 91,7 bilhões) ameaçam ultrapassar as de Washington, e até porque, desde 2008, a China tem achado brechas nos países capitalistas fragilizados para se impor no cenário internacional. (Brito; Souza, 2019)

Debatem-se, assim, guerras comerciais havidas entre Estados Unidos e China, os impactos a outros Estados (entre os quais o Brasil) e o papel da OMC nesse conflito. Para saber mais sobre a questão entre China e Estados Unidos, é relevante verificar o funcionamento do Sistema de Solução de Controvérsias da OMC e sua atual conjuntura, o que será elucidado mais especificamente na próxima seção.

Luz, câmera, reflexão!

> A série Rotten, *disponível na plataforma Netflix, é um documentário que conta com duas temporadas a respeito do comércio internacional e de disputas internacionais na OMC*

e no âmbito interno entre os Estados. Há discussão sobre os mais variados produtos: alho, frango, carne bovina, peixe, vinho, entre outros.

ROTTEN. Produção: Zero Point Zero. Netflix, 2018. Série.

Além das questões políticas e comerciais entre países, a OMC enfrenta desafios inerentes à globalização econômica. Temas considerados emergentes na atualidade, como a relação entre meio ambiente e comércio, o comércio eletrônico (*e-commerce*), entre outros, são também pontos que necessitam da atuação institucional da OMC.

Inclusive, acerca do comércio eletrônico (*e-commerce*), é interessante ressaltar a atuação do Brasil, que propôs regulação sobre o tema e atualmente se encontra em fase de negociações no âmbito da OMC.

O comércio eletrônico é uma realidade inexorável, mas não há total harmonização legislativa em âmbito global nem mesmo nos blocos econômicos, como o Mercosul (Gomes; Teodorovicz, 2019), o que ocasiona demandas por um regime jurídico específico que trate das questões envolvendo esse tipo de transação comercial.

Diante do exposto, é possível constatar que a OMC se traduz em importante via na resolução de questões cotidianas e complexas da atualidade, decorrentes das políticas dos Estados e da globalização econômica.

Em síntese

OMC: competência, normas e estrutura

- Conceito geral: organização internacional intergovernamental de âmbito global, formada pelo GATT/1994, em substituição ao GATT/1947.
    - Histórico → Rodada Uruguai (1994).
    - Participação brasileira → Brasil é membro da OMC desde seu advento.
- Objetivo central: liberalização do comércio internacional e combate a práticas desleais.
- Princípios:
    - princípio da não discriminação;
    - princípio da nação mais favorecida.
    - princípio do tratamento nacional.
    - princípio da transparência.
- Estrutura da OMC → principais órgãos:
    - Conferência Ministerial;
    - Conselho Geral;
    - Órgão de Solução de Controvérsias (OSC);
    - Órgão de Revisão de Política Comercial;
    - Conselho sobre o Comércio de Bens;
    - Conselho sobre o Comércio de Serviços;
    - Conselho sobre os Direitos de Propriedade Intelectual Relacionados ao Comércio;
    - Comitês e Grupos de Trabalho;

- Secretariado;
- Diretor-Geral (atualmente: Roberto Azevêdo, diplomata brasileiro).
- Desafios na atualidade:
    - Questões políticas entre Estados Unidos e China → guerra comercial.
    - Temas em ascensão, como a relação entre comércio e meio ambiente e o comércio eletrônico (*e-commerce*).
    - Outros.

— 3.3 —
Sistema de Solução de Controvérsias da OMC

O Sistema de Solução de Controvérsias do âmbito da OMC é um dos pontos institucionais mais reconhecidos e com grande eficácia e resultados, sendo elemento essencial para conferir mais segurança e previsibilidade ao sistema multilateral de comércio (Amaral Júnior, 2015).

Igualmente, a participação do Brasil e da diplomacia brasileira sobressai-se no uso do Sistema de Solução de Controvérsias comerciais, com histórico de casos de vitórias comerciais importantes.

Por tais razões, é essencial o conhecimento, ainda que básico, do funcionamento do Sistema de Solução de Controvérsias da OMC, dos mecanismos de defesa e dos principais desafios na atualidade concernentes a esse organismo internacional.

Atualmente, é imperioso conhecer a disputa comercial entre Estados Unidos e China e os impactos desse embate para tal sistema. Na maior parte das vezes, as lides comerciais que chegam ao âmbito da OMC referem-se a dissensos de políticas comerciais adotadas pelos Estados, principalmente quando estes adotam políticas protecionistas em detrimento da liberalização comercial.

Figura 3.4 – Disputa comercial: Estados Unidos *versus* China

Ainda assim, frisamos que a violação a acordos da OMC não é pré-requisito para a utilização do Sistema de Solução de Controvérsias da OMC. Conforme explica Marcelo Dias Varella (2018, p. 470, grifo do original),

> A motivação de um processo pode ser o dano ou a anulação dos ganhos previsíveis em relação à situação que seria encontrada caso os acordos fossem respeitados. Essas situações podem decorrer de uma violação ou de uma não violação aos acordos da OMC. Portanto, **não é necessária violação aos acordos da OMC, pois o sistema admite a ação de dano por não violação**. Em outras palavras, é possível acionar outro Estado quando há falha de implementação do acordo ou mesmo quando existe dano ou ausência de benefícios em função de determinada medida contra a lógica do sistema de livre comércio, tal como prevista nos acordos da OMC.

De toda maneira, em caso de conflitos comerciais, o primeiro passo, por certo, será a diplomacia e a tentativa de solução amigável entre os envolvidos. Dessa forma, conceitos como *compensação*, *retaliação*, *suspensão*, entre outros, são o último caminho, inclusive no próprio âmbito da OMC, que se guia, sobretudo, por meio do Anexo 2 do GATT – Entendimento Relativo às Normas e Procedimentos sobre Solução de Controvérsias.

Para saber mais

> *Todos os Anexos do GATT, incluindo o Anexo 2, encontram-se disponibilizados em português, inglês e espanhol no site oficial do Ministério da Economia.*
>
> BRASIL. Ministério da Economia. **Acordos da OMC**. Disponível em: <http://www.mdic.gov.br/comercio-exterior/negociacoes-internacionais/1885-omc-acordos-da-omc>. Acesso em: 9 jun. 2020.

Em termos processuais, vale a ressalva de que "as controvérsias dentro da OMC sempre envolvem os Estados, porque são eles os integrantes da organização e são eles que, portanto, dispõem de legitimidade ativa ou passiva para acionar o OSC [Órgão de Solução de Controvérsias]" (Gomes, 2015, p. 61).

A participação de outros organismos e atores, tais como as organizações não governamentais (ONGs), é admitida na qualidade de terceiros, como *amici curiae* (ou, na tradução literal do termo em latim, "amigos da Corte"). Conforme explica a doutrina,

> Não há previsão expressa sobre a possibilidade de participação de ONGs no procedimento de solução de controvérsias da OMC. Mas, desde 1998, algumas ONGs têm apresentado, ou ao Painel ou ao Órgão de Apelação, textos de posição sobre o tema em análise na controvérsia (os denominados *amici curiae*). O *amicus curiae* tal qual aplicado nos procedimentos da common law consiste no posicionamento de qualquer indivíduo ou entidade que não é parte na controvérsia, mas com interesse relevante sobre o tema em discussão (posições relacionadas a um "interesse público").
>
> A aceitação de *amicus curiae* no OSC tem-se baseado no **direito de busca à informação pelo Painel, como previsto no** Artigo 13 do Entendimento Relativo a Normas e Procedimentos para Solução de Controvérsias (ESC). Esse artigo prevê dois **modos pelos quais o Painel pode recorrer a informações e/** ou assessoria técnica: (1) a determinada pessoa ou entidade, desde que com a ciência prévia do Membro da OMC em que se localiza, e (2) em qualquer fonte relevante, conforme procedimentos previstos no Apêndice 4 ao ESC.

Em 1998, duas ONGs apresentaram os primeiros *amici curiae* perante um Painel do OSC, estabelecido para análise do caso WT/DS58- Camarões/Tartarugas. O Painel apenas reconheceu o material quando os Estados Unidos (parte na controvérsia) anexaram as posições em sua demanda e endossou as posições dos *amici curiae* em sua arguição oral. (Sanchez, 2006)

Mesmo assim, reconhece-se que os Estados-membros, apesar de detentores da capacidade postulatória, contam, muitas vezes, com suporte jurídico e até mesmo financeiro de outros atores, como empresas nacionais que foram prejudicadas no comércio internacional ou que têm, de algum modo, interesses envolvidos nas políticas questionadas no âmbito do sistema de solução de controvérsias da OMC (Varella, 2018).

Nesse contexto, a título exemplificativo, mencionamos a atuação da organização intergovernamental, independente da OMC, destinada a fornecer consultoria e treinamento para os países em desenvolvimento: The Advisory Law Centre on WTO Law (ACWL), que traz maior suporte aos Estados que não teriam condições, *a priori*, de contar com um corpo técnico especializado para litigar no âmbito da OMC.

Vale frisar, no mais, que a jurisdição da OMC é obrigatória aos seus Estados-membros. Por via de consequência,

> Os Estados-membros não têm a possibilidade de não aceitar participar de determinado litígio. Ao contrário da maioria dos sistemas de solução internacional de litígios, a OMC não aceita a exclusão de sua competência pelo fato do mesmo

contencioso já ter sido ou estar sendo julgado em outro foro internacional. Ela exclui os demais tribunais (inclusive a CIJ), assim como estabelece em seu âmbito uma espécie de hierarquia entre os acordos da OMC e os demais tratados multilaterais. (Varella, 2018, p. 467)

Em outras palavras, caso um conflito comercial internacional alcance outros tribunais internacionais, deve prevalecer a jurisdição da OMC para decidir sobre a lide entre os envolvidos.

De toda forma, tudo se inicia com a solicitação de consultas, conforme previsto no Artigo 4 do Anexo 2 do GATT – Entendimento Relativo às Normas e Procedimentos sobre Solução de Controvérsias.

As **consultas** dirigem-se à análise das questões comerciais controversas e são confidenciais. De toda forma, durante as consultas, os membros deverão dar atenção especial aos problemas e interesses específicos dos países em desenvolvimento.

Se as consultas não resultarem em solução amigável entre as partes no prazo de 60 dias, a parte solicitante pode requerer o **estabelecimento do painel**, segunda etapa do Sistema de Solução de Controvérsias da OMC.

No exame do painel, normalmente realizado mediante duas reuniões com as partes (Artigo 12) e uma reunião com terceiros (Artigo 10), são analisados os acordos pertinentes e as regras invocadas pelas partes, bem como é enviado um relatório provisório, podendo haver reunião de reexame com o painel a pedido de uma das partes (Artigo 15.2). Trata-se de uma etapa intermediária de análise, e o grupo tem prazo de até seis meses para a elaboração do relatório técnico (Gomes; Montenegro, 2018).

Sem solução, em linhas apertadas, o grupo especial deverá apresentar suas conclusões em relatório escrito e destinado ao **Órgão de Solução de Controvérsias** (OSC), composto por todos os Estados-membros da OMC. Nesse caso, o relatório técnico antes apresentado não será adotado somente no caso do denominado *consenso negativo*, ou seja, se todos os Estados, inclusive o perdedor e o vencedor, optarem pela não adoção do referido relatório (Gomes; Montenegro, 2018).

Nessa medida, o OSC é peça essencial no jogo político e jurídico dos conflitos comerciais, não se confundindo com a arbitragem nem com um sistema da Corte Internacional de Justiça.

> Trata-se de um sistema que adota procedimentos diplomáticos, através de negociação direta e mediação, de caráter técnico, tendo em vista que a decisão será votada pelo OSC (composto pelos membros do Conselho Geral). Possui também caráter jurídico, tendo em vista que todas as fases seguem procedimentos e prazos específicos. Ademais, a decisão estará sujeita à revisão, através do Órgão de Apelação (OPA). A arbitragem somente está presente na hipótese de fixação de medidas compensatórias ou equivalentes. (Gomes; Montenegro, 2018, p. 31)

Assim, as decisões do OSC são recorríveis, de modo a garantir o direito de apelação aos Estados. O **Órgão de Apelação**, composto por sete membros, com três atuando em cada caso, examina as questões de direito suscitadas. O prazo para tal exame varia de 60 a, no máximo, 90 dias.

Assim, a decisão final confirmará eventuais medidas ilegais, determinando a necessidade de o Estado infrator adequar sua legislação interna às normas internacionais comerciais. Caso o Estado vencido não proceda conforme determinado, restará ao Estado prejudicado solicitar medidas compensatórias ou de efeito equivalente, com a finalidade de compensar eventuais prejuízos adotados pelo Estado infrator (Gomes; Montenegro, 2018).

Por *medidas compensatórias* podemos entender todas aquelas que têm o "objetivo de compensar subsídio concedido, direta ou indiretamente, no país exportador, para a fabricação, produção, exportação ou ao transporte de qualquer produto, cuja exportação ao Estado cause dano à indústria doméstica", conforme prevê o Ministério da Economia (Brasil, 2020b).

De acordo com o Artigo 22.1 do Anexo 2 do GATT, as medidas compensatórias têm caráter temporário, sendo a *ultima ratio*, ou seja, a última via a ser buscada pelo Estado lesado. As medidas compensatórias ou de efeito equivalente são também denominadas *contramedidas*.

Neste ponto, a retaliação é exemplo de contramedida, ou seja, é a suspensão das concessões dadas pelo Estado violador em caso de descumprimento da decisão tomada pela OMC.

Já a denominada *retaliação cruzada* pode ocorrer em caso de necessárias suspensões de concessões em outros setores que não apenas aqueles que originaram a disputa comercial, mas que, de algum modo, são impactadas pelas decisões da OMC na solução da lide, conforme previsto no próprio Artigo 22.3 do Anexo II do GATT:

Artigo 22

[...]

3. Ao considerar quais concessões ou outras obrigações serão suspensas, a parte reclamante aplicará os seguintes princípios e procedimentos:

(a) o princípio geral é o de que a parte reclamante deverá procurar primeiramente suspender concessões ou outras obrigações relativas ao(s) mesmo(s) setor(es) em que o grupo especial ou órgão de Apelação haja constatado uma infração ou outra anulação ou prejuízo;

(b) se a parte considera impraticável ou ineficaz a suspensão de concessões ou outras obrigações relativas ao(s) mesmo(s) setor(es), poderá procurar suspender concessões ou outras obrigações em outros setores abarcados pelo mesmo acordo abrangido;

(c) se a parte considera que é impraticável ou ineficaz suspender concessões ou outras obrigações relativas a outros setores abarcados pelo mesmo acordo abrangido, e que as circunstâncias são suficientemente graves, poderá procurar suspender concessões ou outras obrigações abarcadas por outro acordo abrangido;

(d) ao aplicar os princípios acima, a parte deverá levar em consideração:

(i) o comércio no setor ou regido pelo acordo em que o grupo especial ou órgão de Apelação tenha constatado uma violação ou outra anulação ou prejuízo, e a importância que tal comércio tenha para a parte;

(ii) os elementos econômicos mais gerais relacionados com a anulação ou prejuízo e as consequências econômicas mais gerais da suspensão de concessões ou outras obrigações. (Brasil, 2020a)

De toda forma, há possibilidade de arbitragem em caso de alegação de que não foram seguidos os princípios e os procedimentos relativos às medidas de retaliação, consoante dispõem os Artigos 22.6 e 22.7 do Anexo 2 do GATT.

De todo modo, ressaltamos, mais uma vez, que a retaliação é contramedida a ser aplicada em uma última via de resolução do conflito, sendo forma de fazer valer as decisões emitidas pela OMC.

Diante desse contexto, várias são as questões, inerentes ao direito internacional, quanto ao cumprimento das decisões da OMC. Sobre isso, reiteramos que o Sistema de Solução de Controvérsias é *sui generis*, eis que dotado de caráter jurídico e político.

O mecanismo de retaliação, por sua vez, ainda que seja a última opção, é uma das vias para fazer valer as decisões emitidas pela OMC. Assim explica Varella (2018, p. 482):

> Anteriormente, os Estados afetados por sanções unilaterais não podiam retaliar, em virtude da diferença de poder econômico. Sem ter a quem recorrer, em diversas situações, acabavam cedendo às pressões dos mais poderosos. Com o sistema

de solução de controvérsias da OMC, torna-se possível que Estados mais fracos possam iniciar contenciosos contra os Estados mais poderosos e, efetivamente, conseguir a mudança da legislação destes. O principal motivo do cumprimento das decisões desfavoráveis do Órgão de Solução de Controvérsias pelos Estados mais poderosos é o interesse na manutenção da legitimidade do sistema como um todo, pois ganham com a institucionalização do direito internacional econômico.

Inclusive, o Brasil já se valeu do mecanismo da retaliação, conforme será tratado mais adiante. Destarte, o desempenho do sistema de solução de controvérsias do âmbito da OMC é um dos mais reconhecidos do mundo em razão de sua efetividade e da modificação nas políticas internas dos respectivos Estados-membros da organização.

O conhecimento do que é retaliação e de quando esse mecanismo pode ser utilizado é primordial ao candidato que visa atuar no âmbito do comércio internacional. Nesse sentido, confira como o tema é cobrado em concursos públicos e procure responder à questão que segue.

Exercício resolvido

(Cespe – 2018 – Instituto Rio Branco) Julgue (C ou E) o próximo item, à luz dos acordos da Organização Mundial do Comércio (OMC) e da jurisprudência de seu Órgão de Apelação.

O Entendimento de Solução de Controvérsias determina que a suspensão de concessões (retaliação) ocorra no mesmo setor da violação questionada, sendo proibida a chamada retaliação cruzada.

( ) Certo

( ) Errado

Gabarito oficial: *Errado.*

Comentários à questão: *Conforme analisado, ainda que as medidas compensatórias e de suspensão de concessões sejam a última alternativa, há a possibilidade, sim, de retaliação cruzada, não sendo proibida pela OMC.*

Verificado o funcionamento do Sistema de Solução de Controvérsia, resta examinarmos alguns exemplos práticos de contenciosos comerciais e os respectivos desafios presentes na atualidade. Mais especificamente, interessa apontar os principais casos em que o Brasil fez parte, como autor da demanda ou como réu.

Conforme já comentado, o Sistema de Solução de Controvérsias existente no âmbito da OMC é de grande valia ao Brasil, que conta com diplomacia atuante em prol do acesso ao livre-mercado.

Longe de contemplar todos os casos de atuação brasileira na OMC, cumpre destacar os principais e mais conhecidos, cujos impactos diretos no comércio internacional foram inegáveis.

Figurando o Brasil como ator da lide comercial, ou seja, como **polo ativo**, vejamos os casos a seguir.

— 3.3.1 —
Caso do Contencioso do Algodão (2002-2014)

Conhecido como um dos casos mais longos da história da OMC, o contencioso do algodão travado entre Brasil e Estados Unidos trata-se de uma das situações de vitória mais emblemáticas do Brasil, até mesmo porque ocorreu em contraposição a um Estado considerado forte econômica e politicamente.

Figura 3.5 – No Caso do Contencioso do Algodão, o Brasil disputou com os Estados Unidos – vitória brasileira na OMC

De acordo com Oliveira (2010, p. 21-22),

> o Brasil já acionou dez vezes os EUA no Órgão de Solução de Controvérsias da OMC, o maior número de casos entre aqueles nos quais o Brasil foi requerente. Entretanto, um caso em particular vem chamando a atenção da comunidade de estudos do comércio internacional, e da imprensa em geral, nos últimos anos: o contencioso contra os EUA que questionou, à luz

das regras acordadas na OMC, o apoio interno e os subsídios às exportações norte-americanas de algodão.

A atenção dispensada ao caso se justifica na medida em que os EUA mantiveram os programas distorcivos de apoio interno às exportações de algodão, descumprindo as determinações do Órgão de Solução de Controvérsias da OMC para o contencioso. Além disso, o caso fornece elementos que auxiliam a pensar a importância do mecanismo de solução de conflitos no quadro do sistema multilateral e a sua relação com a legitimidade e a consistência do próprio sistema, particularmente vinculada à atuação de países em desenvolvimento.

Mais especificamente, o Brasil contestou, em 2002, políticas protetivas internas aplicadas pelos Estados Unidos, consistente em subsídios para indústrias estadunidenses, prejudiciais à exportação do algodão brasileiro. Lembramos que o algodão se trata de produto com destinações várias, a exemplo maior da fabricação de roupas.

Contudo, mesmo com decisão favorável ao Brasil, os Estados Unidos mantiveram suas políticas internas, não realizando as adaptações solicitadas pelo Órgão de Solução de Controvérsias da OMC e pelo Órgão de Apelação.

Assim, após tentativas de negociações com os Estados Unidos, foi permitido ao Brasil o uso do mecanismo de retaliação, bem como da retaliação cruzada, como assim fez o país vencedor.

Segundo observa Oliveira (2010, p. 25),

> De um total de mais de 400 casos iniciados até hoje, a retaliação no caso do contencioso do algodão contra os EUA é a quinta a ser autorizada pelo Órgão de Solução de Controvérsias da OMC. [...] apenas EUA, UE, Canadá e Japão, como demandantes, já retaliaram, sendo EUA ou UE acusados nos casos. Alguns membros já foram autorizados a retaliar, mas não o fizeram, basicamente por terem encontrado espaço para negociação e chegado a um acordo com a parte demandada: Brasil (em dois casos: contra o Canadá no caso de aeronaves e no caso envolvendo a Emenda Byrd contra os EUA), Chile, Índia, Coreia do Sul, México, Equador e Antígua e Barbuda.

Nessa medida, o caso do contencioso do algodão tratou de questão importante e impactante para o comércio internacional, sendo exemplo do uso do mecanismo de retaliação como último recurso, já que foram inúmeras as tentativas anteriores de fazer valer as decisões da OMC.

Outrossim, o impacto da decisão da OMC fez surgir modificações no plano interno brasileiro, a exemplo maior da criação do Instituto Brasileiro do Algodão (IBA), associação civil sem fins lucrativos voltada para contribuir com o fortalecimento da cotonicultura brasileira e, principalmente, para gerir os recursos do contencioso do algodão. Atualmente, a associação atua em defesa dos interesses da produção de cotonicultura, em auxílio com instituições governamentais brasileiras.

Para saber mais ────────────────────

Não deixe de visitar o site do Instituto Brasileiro do Algodão (IBA), que registra todo o histórico do contencioso do algodão e seu impacto interno para o setor da cotonicultura brasileira.

INSTITUTO BRASILEIRO DO ALGODÃO. Disponível em: <http://www.iba-br.com/pt_br>. Acesso em: 9 jun. 2020.

───────────────────────────────

O contencioso do algodão foi um caso que também produziu efeitos, direta ou indiretamente, em outros países, e não apenas no Brasil e nos Estados Unidos. De um lado, países com políticas restritivas encontraram-se diante de novas decisões referentes a temas considerados delicados, como comércio de produtos primários e questões relacionadas à agricultura. De outro lado, países em desenvolvimento viram oportunidades de lutar pela maior liberalização do comércio e acreditar no funcionamento do Sistema de Solução de Controvérsias da OMC.

— 3.3.2 —
Caso do Contencioso do Suco de Laranja (2007-2013)

Em linhas gerais, o caso do contencioso do suco de laranja surgiu por conta de políticas internas dos Estados Unidos, que concediam tratamento diferenciado a frutas cítricas desse país em detrimento de produtos derivados da laranja estrangeiros. Nesse sentido, vale verificar que o Brasil, à época dos fatos, era um dos maiores produtores de sucos de laranja no mundo, sendo prejudicado com a barreira tarifária criada pelos Estados Unidos.

Figura 3.6 – No Caso do Contencioso do Suco de Laranja (2007-2013), o Brasil disputou com os Estados Unidos – vitória brasileira na OMC

Assim, diante das violações estadunidenses ao tratamento da nação mais favorecida, o Brasil procurou o Sistema de Solução de Controvérsias, também contestando a forma de cálculo para aplicação de medidas *antidumping*, baseada em *zeroing*, método que ignora margens de *dumping* negativas nos cálculos totais, contabilizando-as como zero.

No plano doméstico estadunidense, também se discutiram políticas tarifárias, sendo a lei concedente de tratamento diferenciado considerada inconstitucional. Ao seu turno, no âmbito da OMC, houve vitória brasileira, sobretudo no que se refere aos cálculos relativos às medidas *antidumping*, competindo aos

Estados Unidos modificar sua legislação interna e a forma de cálculo.

— 3.3.3 —
Caso do Contencioso da Carne de Frango (2015-2019)

O Caso do Contencioso da Carne de Frango envolveu Brasil e Indonésia em razão de restrições comerciais e barreiras da Indonésia à importação de carne de frango e de produtos de frango produzidos no Brasil. Nesse viés, como o setor da avicultura é um dos pontos fortes da economia do Brasil, as restrições da Indonésia criaram prejuízos ao mercado brasileiro.

Figura 3.7 – No Caso do Contencioso da Carne de Frango, o Brasil disputou com a Indonésia – vitória brasileira na OMC

Anton Starikov/Shutterstock

Nessa perspectiva, sem sucesso com soluções amistosas, o Brasil questionou as atitudes da Indonésia perante a OMC, obtendo sucesso e ocasionando alterações na política interna do Estado da Indonésia.

— 3.3.4 —
Caso do Contencioso do Açúcar (2016-2019)

O açúcar é um dos produtos mais característicos da economia brasileira, reconhecido como parte da história do país, a exemplo maior da vivência do ciclo do açúcar no período colonial, entre os séculos XVI e XVIII.

Assim, como produto essencial à economia do país, o Brasil, sentindo-se prejudicado e violado diante de tratamento desigual tailandês, procurou o Sistema de Solução de Controvérsias da OMC.

Figura 3.8 – No Caso do Contencioso do Açúcar, o Brasil disputou com a Tailândia – solução amistosa na OMC

De acordo com informações do Itamaraty:

> O Brasil apresentou hoje, dia 4 de abril de 2016, pedido de consultas à Tailândia no âmbito do Sistema de Solução de Controvérsias da Organização Mundial do Comércio (OMC), sobre subsídios concedidos pelo país asiático ao setor de cana e de açúcar, em desconformidade com obrigações assumidas no âmbito do Acordo de Agricultura e do Acordo de Subsídios e Medidas Compensatórias da OMC.
>
> No entendimento do Brasil, as medidas tailandesas têm afetado artificialmente as condições de competitividade internacional do açúcar, em detrimento das exportações brasileiras, cuja participação no mercado global do produto caiu mais de 5% entre 2012 e 2014, com prejuízos anuais da ordem de US$ 1 bilhão. (Brasil, 2016)

O conflito comercial culminou em solução amistosa entre as partes, com o governo tailandês indicando mudanças no regime interno açucareiro, cujos efeitos ainda serão implementados e analisados a longo prazo.

Ressaltamos que não se trata da primeira demanda brasileira que questiona políticas protetivas no setor açucareiro, nem certamente é a última. Contudo, firmou-se o conflito Brasil *versus* Tailândia, ora mencionado, como um ótimo e recente exemplo de atuação das diplomacias dos países, que encontraram respostas conjuntas por meio de acordos amigáveis, realizados no âmbito da OMC.

Verificados os principais casos de atuação brasileira como parte demandante no sistema de solução de controvérsias da OMC, cabe ressaltar alguns conflitos nos quais o Brasil figurou no **polo passivo** da lide comercial.

— 3.3.5 —
Caso da "Guerra dos Pneus" (2005-2007)

O produto em disputa nesse caso eram os pneus remoldados, que nada mais são que pneus reutilizados, o que, de acordo com o Brasil, traria graves riscos ambientais (como produção de lixo tóxico) e sanitários (pneus como locais de armazenamento de transmissores de doenças, a exemplo da dengue), de forma que não poderiam ser trazidos para o Estado.

É interessante notar que o caso dos pneumáticos reutilizados também teve incidência no ambiente do Mercosul[13], bem como aplicação diferenciada no ambiente interno brasileiro. Em 2005, o caso foi registrado como pedido de consultas solicitadas pelas Comunidades Europeias (atual União Europeia), que alegavam violações brasileiras às normas previstas no GATT.

---

3   Vide Seção 4.3 desta obra, que trata especificamente desse bloco econômico.

Figura 3.9 – No Caso da "Guerra dos Pneus", as Comunidades Europeias questionaram o Brasil sobre as políticas internas contrárias à importação de pneus remoldados (pneus reutilizados)

Basicamente, a razão de ser da lide comercial foi a perda de mercado consumidor e do lucro europeu. Assim, a Europa, com base no princípio da nação mais favorecida e da necessidade de tratamento igualitário, insurgiu-se contra a proibição do ingresso de pneus reutilizados no Brasil em contrapartida à autorização brasileira de pneus remoldados oriundos do Uruguai, país-membro do Mercosul[14].

Por outro lado, o Brasil alegou em defesa, conforme visto, que as carcaças de pneus geravam poluição e degradação ambiental, além de trazer riscos à saúde da população, sendo possível, de acordo com as normas da OMC, a proibição de importação de pneus reutilizados.

Como resultado, favorável ao Brasil e à questão dos pneumáticos no âmbito do Mercosul, explica Gomes (2009, p. 154):

---

4 Confira mais detalhes sobre o caso no âmbito do Mercosul no Capítulo 4, Seção 4.3, desta obra.

Objetivamente, o OSC entendeu que o Brasil agiu de maneira incompatível com as regras e os princípios do comércio internacional ao proibir o ingresso dos referidos pneus, violando o disposto no parágrafo 1º, artigo XI, do GATT/9413, ao estabelecer outras exigências, no que diz respeito aos direitos de aduana, como, por exemplo, a necessidade de obtenção de licença de importação dos produtos oriundos de outro país-membro, além da própria imposição de multas. Ademais, as referidas medidas, adotadas pelo governo brasileiro, não estão justificadas pelo artigo XX do GATT/94.

Por outro lado, a Resolução 23/1996 do CONAMA não é incompatível com o parágrafo 1º, artigo XI, do GATT/94.

O OSC entendeu ser lícita a importação, por parte do Brasil, em relação aos pneumáticos oriundos do Mercosul, tendo em vista que as importações foram determinadas pelo Tribunal Arbitral do bloco econômico, fazendo-se referência ao regionalismo econômico, uma vez que o Relatório concluiu pela existência de uma discriminação justificada. Como condição essencial para que o Brasil possa proibir o ingresso dos remoldados, deverá tornar efetiva as medidas, no sentido de proibir a importação dos pneus usados que ingressam no mercado brasileiro mediante a concessão de liminares. Assim, torna-se necessário que o governo adote legislação, visando a regulamentar a proibição dos referidos pneus, bem como buscar um entendimento político perante o Supremo Tribunal Federal, instância jurisdicional máxima, a fim de que se evidencie um entendimento, para que não sejam deferidas as liminares que possibilitam o ingresso dos referidos bens no mercado brasileiro.

Posteriormente, em 11/03/2009 e no âmbito interno brasileiro, o Supremo Tribunal Federal (STF), por meio do julgamento da Ação de Descumprimento de Preceito Fundamental (ADPF) n. 101, entendeu lícita a proibição da importação de pneus remoldados (Brasil, 2009).

O caso do contencioso que ficou conhecido como *Guerra dos Pneus* foi um importante processo não apenas na OMC, mas também em sede de bloco regional do Mercosul e no âmbito interno brasileiro. Ademais, trata-se de um caso que colocou em pauta, tanto interna quanto internacionalmente, a relação entre comércio e meio ambiente.

— 3.3.6 —
Caso do Contencioso Tributário (2016-2019)

O Caso de Contencioso Tributário foi travado entre União Europeia e Japão contra o Brasil (2016-2019). Sete medidas tributárias foram questionadas, em face do Brasil, por parte de exportadores como Japão e União Europeia. Mais especificamente, as medidas objeto de litígio foram:

> **(1) Lei de Informática:** esse programa, iniciado em 1991 e com duração prevista até 2029, oferece a produtores nacionais habilitados isenções e reduções do IPI na venda de produtos de informática e suspensões de IPI na aquisição ou importação de insumos para a produção desses bens. [...]

(2) Programa de Apoio ao Desenvolvimento Tecnológico da Indústria de Semicondutores (PADIS): iniciado em 2007 e em vigor até 2022, o PADIS consiste na redução, para produtores nacionais habilitados, de tributos incidentes sobre a venda de semicondutores e monitores (IPI, PIS/PASEP, COFINS) e sobre o lucro da exploração (IRPJ) e na aquisição de insumos e bens de capital para a produção desses bens (IPI, PIS/PASEP, COFINS, CIDE e Imposto de Importação). [...]

(3) Programa de Apoio ao Desenvolvimento Tecnológico da Indústria de Equipamentos para a TV Digital (PATVD): iniciado em 2007 e encerrado em 2017, o PATVD consistiu na redução, para produtores nacionais habilitados, de tributos incidentes sobre a venda de transmissores de televisão digital (IPI, PIS/PASEP e COFINS) e sobre a aquisição de insumos e bens de capital para a produção desses bens (IPI, PIS/PASEP, COFINS, CIDE e Imposto de Importação). [...].

(4) Inclusão Digital: iniciado em 2005 e com duração prevista até 2018, esse programa reduz a zero as alíquotas de PIS/PASEP e COFINS incidentes sobre as vendas no varejo de alguns produtos de informática.

(5) Inovar-Auto: iniciado em 2012 e encerrado em 2017, esse programa oferecia abatimentos da carga devida de IPI sobre automóveis e autopeças a produtores e importadores habilitados. Para obter o abatimento de IPI, os veículos deviam atingir certos níveis de eficiência energética. [...].

(6) Suspensões da cobrança de tributos nas aquisições de "empresas predominantemente exportadoras" (PEC): Qualificado como um programa pela União Europeia e pelo

Japão, trata-se de um regime inserido em um conjunto mais amplo de medidas, com início entre 2002 e 2004, que suspendem o recolhimento de IPI, PIS/PASEP e COFINS na aquisição de insumos, para categorias de empresas com dificuldades estruturais para compensar créditos tributários recolhidos ao longo da cadeia produtiva. [...].

(7) Regime Especial de Aquisição de Bens de Capital para Empresas Exportadoras (RECAP): Trata-se de medida tributária de 2005 que suspende o recolhimento de PIS/PASEP e COFINS na aquisição ou importação de bens de capital para empresas predominantemente exportadoras. [...]. (Brasil, 2018, grifo do original)

Segundo informações do Itamaraty, o Painel da OMC considerou a necessidade de adequação de medidas tributárias em razão das normas do comércio internacional, o que foi revertido, em parte, em sede de Órgão de Apelação na OMC. De toda forma, a implementação da decisão deve ocorrer de forma razoável ao longo dos anos.

Além dos principais casos mencionados envolvendo o Brasil, é preciso reconhecer que outros casos que são analisados pelo OSC e pelo Órgão de Apelação também culminam por impactar relações comerciais de todo o mundo, eis que interdependentes. Portanto, em um diálogo de fontes normativas, casos que envolvam outros países também podem trazer modificações no âmbito brasileiro, sem que o Brasil seja, necessariamente, parte processual.

Afora isso, novos temas comerciais que alcancem a OMC têm efeitos modificativos nos planos domésticos de diferentes modos. Nesse sentido, a título exemplificativo, citamos decisões da OMC envolvendo meio ambiente e aspectos sanitários, como a importação de tipos de camarão e crustáceos e os riscos para vida humana (Gomes; Marinozzi, 2019).

Por fim, salientamos que o atual quadro do Sistema de Solução de Controvérsias encontra-se em momentos de indagações e questões diplomáticas sensíveis, a exemplo das guerras comerciais travadas entre Estados Unidos e China, conforme já comentamos.

Por certo, em um ambiente comercial de assimetrias e interdependência, as decisões dos países culminam por impactar os demais Estados, o que inclui o próprio Brasil, a exemplo das políticas restritivas à importação aos Estados Unidos de aço e de alumínio, sucedidas em 2018.

Uma reforma do Sistema de Solução de Controvérsias entrou em pauta com os conflitos comerciais de grande porte e de Estados com alto poder financeiro. Explicamos.

O Sistema de Solução de Controvérsias é composto, em tese, por pessoas *experts* nos assuntos comerciais. Mais especificamente, o Órgão de Apelação da OMC é constituído por integrantes (chamados de *juízes*) indicados pelo OSC, com mandato de quatro anos e com possibilidade de uma única recondução.

Contudo, em 2019, dois dos juízes do Órgão de Apelação da OMC tiveram o fim de seu mandato e, desde 11 de dezembro desse ano, o sistema ficou sem o quórum necessário para funcionamento, visto que os Estados Unidos bloquearam novas nomeações de juízes estadunidenses.

Em tese, prevê o GATT/1994 que o Órgão de Apelação pode contar com sete juízes, sendo, no mínimo, três membros para cada painel de apelação. No entanto, com o fim do mandato de dois juízes, restou apenas um juiz no âmbito do Órgão de Apelação da OMC, o que inviabiliza o exame de contendas e recursos comerciais, que necessitam de, pelo menos, análise de três membros.

Inclusive, o professor e advogado brasileiro Luiz Olavo Baptista foi presidente (2007-2008) e membro do Órgão de Apelação da OMC (2001-2008), sendo reconhecido como importante doutrinador da área do direito internacional do comércio.

Conforme visto, o Órgão de Apelação é uma via importante para a resolução de litígios comerciais. Nesse sentido, lembra Varella (2018, p. 474):

> A maioria dos relatórios dos Grupos Especiais, no entanto, são objeto de apelação (cerca de 70% atualmente, mas nos dois primeiros anos 100% eram objeto de apelações). É comum o Órgão de Apelação modificar o entendimento do Grupo Especial, sobretudo quando da construção inicial da interpretação dos acordos da OMC.

Assim, o Órgão de Apelação exerce papel relevante no comércio internacional, e a ausência de membros em seu corpo denota o que os teóricos vêm chamando de *estado de paralisia*.

Nessa toada, o bloqueio realizado pelos Estados Unidos, por força de políticas comerciais protecionistas desde 2017, é explicado, entre outras questões, por disputas havidas com a China, que, atualmente, está na condição de maior ameaça comercial aos Estados Unidos, como já destacamos.

Por outro lado, a problemática do Sistema de Solução de Controvérsias não é ocasionada tão somente pelo conflito entre os dois principais protagonistas (Estados Unidos e China), mas também já enfrentava, desde antes da paralisação do quórum do Órgão de Apelação, discussões pela necessidade de reformas no que tange ao modo de tomada de decisões, à participação da sociedade civil, a melhorias de *performance*, etc. (Thorstensen, 2006).

Ainda assim, alternativas para a continuidade do Órgão de Apelação podem ser encontradas. É o caso, por exemplo, da instituição, por parte dos países litigantes, da arbitragem no âmbito da OMC. Do mesmo modo, a diplomacia, atuante nas relações internacionais entre Estados com interesses diversificados política e comercialmente, mostra-se cada vez mais necessária para evitar maiores conflitos.

Nesse contexto, no próprio âmbito doméstico dos Estados, é preciso procurar a prática comercial livre de *dumping* e de acordo com as regras do jogo comercial estabelecidas pela OMC.

Ademais, a discussão da questão da paralisação do Órgão de Apelação da OMC já foi colocada em pauta e, atualmente, encontra-se em fase de discussão de seus membros para fins de encontrar alternativas que contemplem reformas substanciais no sistema, mas que preservem a ideia maior de liberalização comercial e de igualdade entre seus participantes.

Desse modo, é preciso atenção no sentido de que o Sistema de Solução de Controvérsias, a curto e longo prazos, pode sofrer alterações substanciais, principalmente quanto a novos modos de funcionamento para a resolução de lides comerciais.

Frisamos, mais uma vez, que o Sistema de Solução de Controvérsias da OMC é um importante mecanismo de apaziguamento e de maior segurança em uma esfera tão incerta quanto o da globalização comercial. Conforme alude Barral (2007, p. 79),

> O Brasil é um participante frequente do sistema de solução de controvérsias da OMC, tanto como reclamante quanto como reclamado. Isto pode ser explicado pelo fato de os produtos brasileiros competirem em diversos setores econômicos, nos quais têm que enfrentar barreiras consolidadas. Além disso, a tradição brasileira de intervenção no domínio econômico muitas vezes contrasta com os princípios liberalizante contidos em regras da OMC.
>
> Neste cenário, importa primeiramente ao Brasil reconhecer que o sistema de solução de controvérsias da OMC é o mecanismo mais eficaz, entre os disponíveis nas relações econômicas internacionais, para segurar direitos decorrentes das negociações em que o país toma parte. Por isso, a importância de conhecer profundamente as regras e a prática do OSC, além de acompanhar todas as propostas para sua reforma.

Em outras palavras: o Brasil é beneficiário do Sistema de Solução de Controvérsias da OMC, que garante a liberdade do comércio internacional em condições de igualdade entre seus membros, fato crucial para garantir o desenvolvimento em meio internacional e no próprio âmbito doméstico. Nesse sentido, inclusive, analisamos sumariamente, no presente capítulo, alguns casos em que o Brasil participou como parte no Sistema de Solução de Controvérsias da OMC e obteve ganhos positivos.

Em síntese
Sistema de Solução de Controvérsias da OMC

- O Sistema de Solução de Controvérsias e o Brasil → exemplos principais de atuação:
    - Caso do Contencioso do Algodão (2002-2014) → Brasil *versus* Estados Unidos;
    - Caso do Contencioso do Suco de Laranja (2007-2013) → Brasil *versus* Estados Unidos;
    - Caso do Contencioso da Carne de Frango (2015-2019) → Brasil *versus* Indonésia;
    - Caso do Contencioso do Açúcar (2016-2019) → Brasil *versus* Tailândia;
    - Caso da "Guerra dos Pneus" (2005-2007) → Comunidades Europeias *versus* Brasil;
    - Caso do Contencioso Tributário (2016-2019) → União Europeia e Japão *versus* Brasil.
- Diálogo entre tribunais internacionais e tribunais domésticos.

- Desafios do Sistema de Solução de Controvérsias:
  - funcionamento do Órgão de Apelação;
  - disputas comerciais entre Estados Unidos e China;
  - outras vias possíveis → arbitragem;
  - importância da diplomacia.

Capítulo 4

Blocos econômicos

Neste último capítulo, nosso estudo será voltado aos blocos econômicos, que se destacam como organismos capazes de ilustrar os processos de integração com fins econômicos e comerciais. Mais especificamente, examinaremos, de forma sucinta, os seguintes blocos econômicos:

- União Europeia: características, estrutura e atuais desafios.
- Mercosul (Mercado Comum do Sul): características, estrutura e atuais desafios.
- Outros blocos econômicos e processos de integração.

Para tanto, destinamos uma seção própria para elucidar os pontos centrais da integração regional, com delineamento de seu conceito geral, apontando o que se entende pelos termos *integração* e *região* em uma perspectiva interdisciplinar, e dos estágios do processo integracionista.

Além disso, abordaremos o acordo comercial realizado entre União Europeia e Mercosul, instituído com o escopo de constituir uma das maiores áreas de livre comércio do mundo e finalizado em 2019.

Nosso intuito aqui é analisar a integração como meio cooperativo entre atores internacionais para fins de resolução de questões em comum e problemas que demandem atuação coletiva.

A razão da escolha de dois blocos integracionistas – União Europeia e Mercosul – para o aprofundamento de nossa análise foi embasada em critérios de importância histórica, desenvolvimento e impactos para o Brasil.

Nessa perspectiva, após o estudo do presente capítulo, será possível compreender no que consiste o processo de integração regional e identificar seus variados estágios de desenvolvimento. Além disso, esperamos que o conteúdo aqui apresentado contribua para que sejam entendidas as figuras da União Europeia e do Mercosul, bem como que seja reconhecida a existência de outros blocos econômicos.

Vale frisar que o presente capítulo parte de uma perspectiva multi e interdisciplinar, com enfoque para as análises teóricas conferidas pelo direito, pela economia, pela história e pelas relações internacionais.

— 4.1 —
Conceito e estágios da integração regional

Para a compreensão dos processos de integração regional, é preciso explicitar o sentido das expressões *integração* e *região* (Herz; Hoffman; Tabak, 2015), assim como é necessário verificar a natureza jurídica dos blocos econômicos.

O termo *integração* envolve palavras-chave como *cooperação*, *coordenação* e *assimilação*, a fim de que seja concebida a formação de um único corpo social. Por sua vez, *região* denota a ideia de extensão territorial com traços em comum, que se diferencia de outras partes de um todo.

No cenário econômico mundial, é cada vez maior o intercâmbio comercial entre os Estados por meio de empresas e indústrias. Indubitavelmente, a via marítima é a mais utilizada pelas empresas, em virtude do valor do frete e do volume de mercadorias que pode ser transportado.

Figura 4.1 – Prática de comércio exterior vislumbrada na atividade marítima

No meio jurídico, para o entendimento dessas conformações, ilustradas por blocos econômicos e outros processos vários, utiliza-se o direito da integração regional, na condição de ramo específico de estudo do direito internacional público.

Nesse sentido, vejamos o conceito de *integração regional* fornecido pelas internacionalistas Mônica Herz, Andrea Hoffman e Jana Tabak (2015, p. 74): "podemos definir a integração regional como um processo dinâmico de intensificação em profundidade e abrangência das relações entre atores, levando à criação de novas formas de governança político-institucionais de escopo regional".

Por sua vez, por *blocos econômicos*, em uma acepção jurídica do termo, podemos colher o seguinte conceito (Gomes; Montenegro, 2018, p. 15):

> O bloco econômico é formado por uma associação de Estados que, através da celebração de um tratado, cria referido sujeito de Direito Internacional, dotado de instituições próprias e, normalmente, possui uma finalidade econômica e comercial, visando a uma melhor inserção no mundo globalizado. Deve-se destacar, ademais, que os objetivos da integração não precisam ser necessariamente econômicos e comerciais, mas pacifistas (como foi o caso da Comunidade Econômica do Carvão e do Aço – CECA), culturais, sociais (como, por exemplo, o estágio atual da União Europeia), políticos, etc. Deve-se reconhecer, entretanto, que os objetivos da integração normalmente são econômicos e comerciais.

Ainda, as organizações internacionais regionais podem apresentar natureza jurídica **intergovernamental**, quando a tomada de decisões ocorre em plano de igualdade entre os Estados e pela vontade destes, a exemplo da maioria dos blocos econômicos; ou **supranacional**, com normas comunitárias e instituições dotadas de competências acima daquelas que podem ser adotadas pelos Estados, a exemplo da União Europeia.

Ressaltamos, como visto, que os processos de integração são multifacetados, comportando variados enfoques. Inclusive, a questão social e seus impactos diretos para a população de determinada região (como as temáticas relacionadas à saúde e ao trabalho) cuidam de pontos que não podem mais ser desconsiderados pelos blocos econômicos, ainda que seu objetivo inicial seja o de proporcionar livre-comércio entre seus membros. Nesse sentido, Herz, Hoffman e Tabak (2015, p. 76) distinguem as organizações de integração regional das organizações regionais funcionais:

> O escopo das atividades de cooperação de uma organização de integração regional, é, portanto, bastante amplo. Aqui fica clara a distinção entre uma organização regional funcional e uma organização de integração regional. Enquanto as primeiras são organizações com uma abrangência temática específica, a última se refere a organizações criadas no contexto de um processo de integração regional, que abrangem várias áreas temáticas de cooperação.
>
> Com base nessa definição, devemos distinguir uma organização de integração regional de acordos regionais que visam apenas criar áreas de livre-comércio. Ainda que a integração comercial possa ser promovida intencionalmente como uma etapa de um processo de integração regional, como o advogado pelos neofuncionalistas, a integração regional, como aqui definida, envolve também questões sociais, políticas e culturais. Além disso, acordos de integração econômica não precisam estabelecer organizações regionais com sedes permanentes para administrar suas atividades.

Consequentemente, quanto mais desenvolvido é um bloco econômico, maiores serão as políticas adotadas pelas instituições desse bloco (Gomes; Montenegro, 2018).

No plano teórico, o economista Bela Balassa, em análise sobre a integração europeia e a construção de cenários, desenvolveu e classificou os estágios de integração regional, o que restou difundido até os dias atuais. São estes os estágios inicialmente previstos na teoria de Balassa (1961):

- **Zona de livre-comércio** – Em linhas gerais, visa, inicialmente, suprimir restrições comerciais entre os Estados participantes mediante eliminação de barreiras tarifárias e não tarifárias de bens.
- **União aduaneira** – Adoção de uma tarifa externa comum em relação a terceiros Estados e tentativa de uniformização de políticas econômicas existentes no bloco regional.
- **Mercado comum** – Além da livre circulação de mercadorias e de uma tarifa externa comum aos Estados não integrantes, passa-se a promover a livre circulação de pessoas, serviços e capital. Institucionalmente, o bloco passa a contar com um aparato administrativo específico e permanente, para fins de coordenação das relações desenvolvidas na região.
- **União econômica** – Adoção de moeda ou medida monetária única (a todos os membros) e correlata harmonização legislativa dos Estados em um mesmo regime jurídico econômico, para fins de eliminação de assimetrias porventura existentes entre os Estados-membros do bloco.

- **Integração econômica total** – Etapa final, considerada a mais avançada, que pressupõe a unificação das políticas monetárias, fiscais, sociais e anticíclicas e exige o estabelecimento de uma autoridade supranacional. É o caso atual da União Europeia[1].

Em síntese

Estágios da integração regional (Balassa, 1961):
- zona de livre-comércio;
- união aduaneira;
- mercado comum;
- união econômica;
- integração econômica total.

Na atualidade, considerando classificações derivadas e processos integracionistas outros que não apenas o da União Europeia, adotamos, na presente obra, o seguinte esquema de estágios de integração regional, proposto por Gomes e Montenegro (2018):

- **Zona de livre-comércio** – Caracteriza-se pela progressiva eliminação de barreiras tarifárias e não tarifárias para que haja simplesmente a livre-circulação de mercadorias, a exemplo do atual bloco econômico formado pelos Estados da América do Norte, o Nafta (North American Free Trade Agreement).

1 Vide Seção 4.2 deste capítulo.

- **União aduaneira** – Além da existência de uma zona de livre-comércio, o bloco econômico passa a ser considerado um sujeito de direito internacional e é idealizada pelos Estados uma tarifa externa comum. Exemplo atual: Bloco econômico formado por Bélgica, Holanda e Luxemburgo (Benelux).
- **Mercado comum** – Agregadas as características de União Aduaneira, na qual há livre-circulação de bens, passa-se a ter a livre-circulação de pessoas, não existindo mais fronteiras, e a livre-circulação de serviços e de capitais. É criado um espaço comum no bloco, em que os denominados *quatro fatores de produção* circulam livremente, além da instituição de uma cidadania em comum. O exemplo atual de mercado comum é a União Europeia.
- **Mercado comum e união monetária** – Além de haver um mercado comum, há a adoção de uma moeda única, como forma de incentivo ao intercâmbio comercial entre os Estados-membros. Exemplo atual é parte da União Europeia, que resolveu adotar a moeda Euro.
- **Integração política** – Trata-se de estágio existente apenas em teoria, em que há fusão de todas as soberanias do Estado para a formação de um novo modelo e de uma nova forma de Estado.

Em síntese
Estágios da integração regional (Gomes; Montenegro; 2018):
- zona de livre-comércio;
- união aduaneira;

- mercado comum;
- mercado comum e união monetária;
- integração política.

Ressaltamos que, independentemente da teoria adotada, o grau de integração de determinado bloco econômico deve ser visualizado a longo prazo, sem olvidar da história e de propósitos integrativos. Ademais, trata-se de etapas não necessariamente lineares, mas que ocorrem de modos diversos e nem sempre coincidentes com a nomenclatura do bloco, a exemplo do Mercosul (Mercado Comum do Sul), que, apesar de seu termo, ainda não alçou a fase de mercado comum[12]

É preciso atenção para não confundir as fases da integração regional, pois o conhecimento geral dessas fases é objeto de cobrança em diversos concursos públicos. Nesse sentido, confira como o tema é abordado nesses certames e procure responder à questão que segue.

Exercício resolvido

(Cesgranrio – 2016 – IBGE) No processo de integração econômica regional, existe uma fase que, além de permitir a livre circulação de mercadorias, permite a livre circulação de serviços e fatores de produção, ou seja, de capitais e pessoas.

É importante frisar que, além da livre circulação de bens, serviços e fatores de produção, todos os países signatários

---

2   Vide Seção 4.3 deste capítulo.

devem acordar sobre a coordenação de políticas macroeconômicas e setoriais, ou seja, seguir os mesmos parâmetros para determinar uma política cambial, monetária e fiscal coordenada entre todos.

Disponível em: <http://www.fesmippb.org.br/cienciajuridica/artigos/01/08.html>. Acesso em: 30 maio 2016. Adaptado

Essa fase do processo de integração regional mencionada é denominada:

a) União Aduaneira.
b) Mercado Comum.
c) Zona de Livre Comércio.
d) União Econômica e Monetária.
e) Zona de Comércio Preferencial.

Gabarito oficial: b.

Comentários à questão: *Conforme analisado, o mercado comum pressupõe algumas palavras-chaves, como livre--circulação de bens, pessoas, serviços e capitais. Menos que isso será a fase anterior, de união aduaneira.*

Vale frisar que, nesta obra, nosso estudo centra-se em dois principais blocos econômicos: a União Europeia, organização internacional de natureza supranacional, e o Mercosul, organização intergovernamental.

Ainda assim, outros processos integrativos serão abordados na Seção 4.5 deste capítulo, com ênfase para os demais blocos relacionados ao âmbito doméstico brasileiro, a exemplo da questão dos BRICS.

Em síntese

Conceito e estágios da integração regional

- Integração regional → palavras-chave: *cooperação, coordenação, nova associação* com o objetivo de formar um todo.
- Processo dinâmico e a longo prazo.
- Processo multinível, não apenas econômico, mas também social, cultural, tecnológico, etc.
- Formam organizações internacionais regionais ou não → blocos econômicos.
- Natureza jurídica das organizações internacionais regionais ou não:
  - intergovernamentais (maioria dos blocos econômicos);
  - supranacionais (União Europeia).
- Estágios da integração regional → processo a longo prazo e não linear (Gomes; Montenegro, 2018):
  - zona de livre-comércio;
  - união aduaneira;
  - mercado comum;
  - mercado comum e união monetária;
  - integração política.

Obs.: Atentar à questão da nomenclatura dos blocos, verificando as especificidades e as finalidades de cada um deles.

— 4.2 —
União Europeia

O estudo do bloco econômico da União Europeia pressupõe, preliminarmente, a análise histórica envolvida em tal processo de integração, considerada um marco em termos cooperativos.

Figura 4.2 – (a) Bandeira da União Europeia; (b) Euro, a moeda do bloco

(a)

(b)

Assim, voltemos à região da Europa no período pós-Segunda Guerra Mundial, quando o continente sofria as crises econômicas derivadas do conflito bélico internacional e necessitava de cooperação com vistas a evitar a eclosão de uma Terceira Guerra Mundial, bem como precaver-se quanto a cenários de dominação do regime soviético.

Teoricamente, a concepção de um bloco europeu partiu dos ideais do ministro francês das Relações Exteriores, Robert Schuman, e do político e economista Jean Monnet, que planejavam a criação de uma Federação Europeia, tal qual a federação dos Estados Unidos. Em específico, segundo *site* oficial da União Europeia:

> Em colaboração com Jean Monnet, Robert Schuman elaborou o famoso Plano Schuman, que divulgou a 9 de maio de 1950, hoje considerada a data de nascimento da União Europeia. Nesse plano, Schuman propunha o controlo conjunto da produção do carvão e do aço, as matérias primas mais importantes para a produção de armamento. A ideia fundamental subjacente à proposta era a de que um país que não controlasse a produção de carvão e de aço não estaria em condições de declarar guerra a outro. (Comissão Europeia, 2020)

Nessa conjuntura, graças ao denominado *Plano Schuman*, em 1951 foi criada a Comunidade Econômica do Carvão e do Aço (Ceca), formalmente constituída por meio do Tratado de Paris e composta por Alemanha, França, Itália e países do Benelux (Bélgica, Países Baixos e Luxemburgo).

Em termos comerciais, a criação da Ceca foi motivada, além dos fatores teóricos, por força do interesse estadunidense em reconstruir a Europa para que pudesse exportar seus produtos e evitar que os países integrantes do tratado migrassem para o bloco soviético, até porque, após a Segunda Guerra Mundial, iniciou-se a Guerra Fria (Gomes; Montenegro, 2018).

Em termos políticos, a criação da Ceca dependeu de uma aproximação entre Estados regionalmente juntos, mas com questões pessoais envolvidas, ou seja, dependeu de uma cooperação política principalmente entre a Alemanha e a França e de um debate sobre a integração.

Diante do sucesso da Ceca, em 1957 foi concretizado o Tratado de Roma, com expansão institucional, mediante a criação da Comunidade Econômica da Europa (CEE) e da Comunidade Econômica de Energia Atômica (CEEA).

Assim, inicialmente, o bloco europeu era composto pelas seguintes instituições principais:

- Comunidade Econômica do Carvão e do Aço (Ceca);
- Comunidade Econômica Europa (CEE);
- Comunidade Econômica de Energia Atômica (CEEA).

Na mesma linha, podemos afirmar que a União Europeia não nasceu "pronta", tal qual conhecemos hoje, mas, ao revés, foi fruto de institucionalizações várias e de processos de integração crescentes, iniciados por três comunidades europeias e seis integrantes.

Na realidade, o ingresso de novos Estados ocorreu ao longo do tempo, com a entrada do Reino Unido, da Irlanda e da Dinamarca em 1972; da Grécia em 1982; de Portugal e da Espanha em 1986; da Áustria, da Finlândia e da Suécia em 1994; da Polônia, da Letônia, da Lituânia, da República Tcheca, da Eslováquia, da Hungria, da Estônia, da Eslovênia, de Malta e de Chipre em 2004; da Romênia e da Bulgária em 2007; e, por fim, da Croácia em 2011.

Para saber mais

Não deixe de visitar o site oficial da União Europeia. Lá é possível encontrar informações relacionadas às atualidades vivenciadas pelo bloco, legislação atinente ao direito comunitário e questões práticas sobre a cidadania europeia.

Além disso, há informações a respeito do Brexit e do processo de transição, o que é relevante para conhecer os trâmites de circulação de bens, serviços e pessoas.

UNIÃO EUROPEIA. Disponível em: <https://europa.eu/european-union/index_pt>. Acesso em: 9 jun. 2020.

Assim, a União Europeia conta, no presente momento, com 27 países integrantes. O Reino Unido, por meio do movimento conhecido como *Brexit*, deixou o bloco em 31 de janeiro de 2020, sobre o que comentaremos ao final desta seção.

Conforme elucidam o mapa e a lista por ordem alfabética apresentados, respectivamente, na Figura 4.5 e no Quadro 4.1, vejamos os seguintes países integrantes da União Europeia.

Figura 4.3 – Países integrantes da União Europeia

Quadro 4.1 – União Europeia: composição

Estados-partes	É Estado-integrante da zona do Euro(€)?	Estados observadores
Alemanha	Sim	
Áustria	Sim	
Bélgica	Sim	
Bulgária	Não, adota o Lev Búlgaro	
Chipre	Sim	
Croácia	Não, adota a Kuna Croata	

(continua)

(Quadro 4.1 – conclusão)

Estados-partes	É Estado-integrante da zona do Euro(€)?	Estados observadores
Dinamarca	Não, adota a Coroa Dinamarquesa	
Eslováquia	Sim	
Eslovênia	Sim	
Espanha	Sim	
Estônia	Sim	Canadá
Finlândia	Sim	Israel (Observador da Assembleia Parlamentar)
França	Sim	Japão
Grécia	Sim	México
Hungria	Não, adota o Florim Húngaro	Santa Sé
Irlanda	Sim	
Itália	Sim	
Letônia	Sim	
Lituânia	Sim	
Luxemburgo	Sim	
Malta	Sim	
Países Baixos	Sim	
Polônia	Não, adota o Złoty	
Portugal	Sim	
República Tcheca	Não, adota a Coroa Checa	
Romênia	Não, adota o Leu Romeno	
Suécia	Não, adota a Coroa Sueca	

Nesse mesmo sentido, em 1986, as Comunidades Europeias e os Estados-membros realizaram o Ato Único Europeu, com vistas a avançar nas fases de integração regional e passar a ser um mercado comum.

Para tanto, em 1990, houve o Acordo de Schengen, que possibilitou o livre-trânsito de pessoas nos Estados que assinaram o tratado internacional, entrando o acordo em vigor no ano de 1995.

Também, com o Tratado de Maastrich, em 1992, houve a consolidação da Europa como mercado comum e a alteração de Comunidade Econômica Europeia (CEE) para Comunidade Europeia (CE). Foi, inclusive, o Tratado de Maastricht que consagrou o nome *União Europeia*, tal como hoje é conhecida, e que trouxe as bases para posterior adoção de uma moeda única, o Euro[3].

Lembramos que o mercado comum prevê o livre-trânsito de bens, serviços, pessoas e capitais, de modo que foi com o Acordo Schengen que ocorreu a abertura de fronteiras europeias e que foi com o Tratado de Maastrich que se instituiu a cidadania europeia, também denominada de *cidadania comunitária*.

Neste ponto, ainda que haja uma cidadania europeia, ressaltamos que os critérios estabelecidos para fins de obtenção da cidadania europeia são estipulados pela legislação dos próprios Estados-membros da União Europeia, não existindo, portanto, um critério uniforme sobre o tema (Gomes; Montenegro, 2018).

Também destacamos que, em 1997, foi assinado o Tratado de Amsterdã, com a modificação das estruturas institucionais para a posterior adoção do Euro como moeda única e em consecução

---

3   A respeito das fases da integração regional, recomendamos a leitura do início deste capítulo, Seção 4.1, que explicita o que é o mercado comum e sua importância para o processo de integração.

à unificação monetária e financeira do bloco. Além disso, esse tratado trouxe importantes modificações institucionais relacionadas à política externa e à necessidade de democracia como via política escolhida pelos Estados integrantes e requisito para seu ingresso.

Notadamente, no que concerne ao Euro, para a preparação da adoção da moeda, adotou-se o Banco Central Europeu como o órgão competente para gerir a macroeconomia da Zona do Euro.

Assim, o Euro foi instaurado em 1999 e entrou em circulação efetivamente a partir de 2002. Contudo, vale frisar que nem todos os Estados que integram do bloco europeu adotam o Euro como moeda em seu ambiente interno. Dos 27 Estados-membros, 19 integram a Zona do Euro (vide Quadro 4.1 supra).

E, em 2001, foi assinado o Tratado de Nice, com novas vistas a alterar a estrutura institucional e adequar o bloco ao ingresso de posteriores novos Estados-membros, do Leste Europeu e do Centro da Europa. Em termos sociais correlacionados à economia, podemos dizer, de modo geral, que o Tratado de Nice foi relevante por trazer, formalmente, a Carta dos Direitos Fundamentais, como tentativa de proteção de questões relacionadas a emprego, habitação, saúde, etc.

Houve também a tentativa, posteriormente, de realização de uma Constituição Europeia, a qual, entretanto, não foi concretizada, malgrado trazer pontos importantes como questões de controle de comunitariedade, que seria, *a priori*, aplicado no embate entre o controle que tem como objeto-paradigma a Constituição Europeia (Pagliarini, 2005).

Mais especificamente, a França e a Holanda não aceitaram a ideia de uma Constituição Europeia, não ratificando o documento, razão pela qual essa ideia foi abandonada.

Em 2007, foi assinado o Tratado Reformador de Lisboa, visando dar maior eficiência às instituições do bloco europeu. Entre os principais pontos trazidos, há ênfase para o papel institucional do Parlamento Europeu, solicitação direta de cidadãos por políticas do bloco e questões procedimentais referentes à possibilidade de saída de Estados do bloco.

De forma esquematizada, os principais tratados do âmbito do bloco europeu, que formam as **fontes jurídicas primárias** da União Europeia – sustentáculos do direito comunitário, na condição de direito *sui generis*, dotados de independência e autonomia em relação ao direito interno e ao próprio direito internacional – são (Gomes; Montenegro, 2018):

- Tratado de Paris – Cria a CECA.
- Tratado de Roma – Cria a CEE e a CEEA.
- Ato Único Europeu (1986) – Bases para o Mercado Comum.
- Tratado de Maastrich (1992) – Consolidação do mercado comum e instituição da cidadania europeia (cidadania comunitária).
- Tratado de Amsterdã (1997) – Preparação do bloco para a adoção futura do Euro, com a criação do Banco Central Europeu, competente para gerir a macroeconomia da Zona do Euro; modificações institucionais relacionadas à política externa; previsão da importância da democracia.

- Tratado de Nice (2001) – Reforma institucional com vistas a possibilitar o ingresso de novos Estados integrantes ao bloco.
- Tratado de Lisboa (2007) – Reforma do bloco visando dar maior eficiência às instituições.

Além das fontes jurídicas primárias, o bloco europeu também conta com as **fontes jurídicas secundárias**, que nada mais são que os regulamentos, as diretivas, as decisões, os pareceres e as recomendações emitidas no âmbito da União Europeia.

Tais fontes secundárias podem ter efeito vinculante, como é o caso dos regulamentos, das diretivas e das decisões, todas com o poder de criar obrigações aos Estados-membros com relação à observância. Contudo, podem ser não vinculantes, nas quais se enquadram os pareceres e as recomendações, que apenas emitem sugestões e linhas gerais sobre determinados assuntos.

Em síntese

Fontes do direito comunitário

- Fontes jurídicas primárias → tratados instituidores e reformadores do bloco europeu.
- Fontes jurídicas secundárias:
    - vinculantes → regulamentos, diretivas, decisões;
    - não vinculantes → pareceres e recomendações.

Economicamente, contudo, vale frisar que o bloco não passou ileso diante de variados eventos mundiais e seus efeitos globalizatórios. Assim, a título exemplificativo, em 2008, o mundo enfrentou uma crise financeira e econômica severa, o que impactou diretamente a União Europeia, com crises do Euro e situações de instabilidades domésticas, a exemplo maior da bancarrota da Grécia.

Justamente tendo em vista que as instituições da União Europeia se empenharam na resolução da crise financeira de 2008, assim como foram componentes essenciais para o sucesso do processo de integração europeia, cumpre conhecer a estrutura do bloco europeu e suas principais características.

Segundo o Tratado de Lisboa, a estrutura do bloco é composta de órgãos permanentes, órgãos auxiliaries, órgãos financeiros e outras instituições. Vejamos:

1. Órgãos permanentes
   - Parlamento Europeu
   - Conselho
   - Comissão
   - Tribunal de Justiça
   - Tribunal de Contas
2. Órgãos auxiliares
   - Comitê Econômico e Social
   - Comitê das Regiões
   - Banco Europeu de Investimento

3. Órgãos financeiros
   - Sistema Europeu de Bancos Centrais e Banco Central Europeu
   - Instituto Monetário Europeu
4. Outras instituições
   - Conselho Europeu

Entre os órgãos permanentes, interessa ao estudo o enfoque no papel do Parlamento Europeu, uma vez que é a figura que representa os cidadãos da União Europeia, que escolhem seus membros por meio do voto direto.

Conforme explicita Moury (2017),

> A construção europeia pretendeu, desde o início, assentar num parlamento europeu que representasse os cidadãos de todos os países participantes. Assim, o Conselho da Europa foi dotado de uma Assembleia Parlamentar, do mesmo modo que a primeira Comunidade Europeia teria um órgão semelhante, sendo que este último evoluiria no decurso do tempo para o atual Parlamento Europeu.
>
> Por isso, o Parlamento Europeu terá sido a instituição mais simbólica do processo de construção europeia e, em virtude do aprofundamento da integração, foi também a entidade que maiores transformações sofreu desde a sua criação. Na sequência dessa evolução, o Parlamento Europeu alcançaria, através do Tratado de Lisboa, um leque de poderes – de controlo político, e no desempenho das funções legislativa e orçamental – que o aproximam do modelo de funcionamento dos

órgãos parlamentares nos sistemas democráticos dos países da União Europeia. Moury refere mesmo, presume-se que de forma hiperbólica, que o Parlamento Europeu será um dos parlamentos mais poderosos do mundo (p. 33).

Deste modo, a evolução do Parlamento Europeu – de uma entidade quase figurativa no seio de uma organização internacional para uma poderosa instituição política de uma confederação de Estados – espelha a metamorfose ocorrida no próprio processo de construção europeia ao longo das últimas seis décadas. A marca justificativa da transformação do papel do Parlamento Europeu no processo político da União assentou na necessidade de aumentar a natureza democrática da integração dos Estados europeus, combatendo um défice democrático resultante da arquitetura inicial dos tratados.

Assim, o Parlamento Europeu desempenha papel importante relacionado à democracia do bloco e à união entre europeus em prol da ideia e da construção de integração do continente.

Por outro lado, o Parlamento Europeu não se confunde com os parlamentos do âmbito interno dos Estados, tanto é assim que não tem competência própria e unicamente legislativa (diferentemente dos parlamentos nacionais), mas tem como competência principal a fiscalização do bloco nos interesses dos cidadãos europeus (Gomes; Montenegro, 2018).

Atualmente, o Parlamento conta com sede localizada em Estrasburgo, na França. Vejamos, na Figura 4.5, as imagens externa e interna do Parlamento Europeu.

Figura 4.4 – (a) Estrutura do Parlamento, em Estrasburgo, vista de fora; (b) espaço interno do Parlamento

(a)

(b)

Sobre o órgão permanente denominado *Conselho*, esclarecemos que se trata de órgão comunitário de natureza executiva, dotado de competências intergovernamentais e supranacionais, com membros representando os interesses do Estados-membros

(Gomes; Montenegro, 2018). Atualmente, o Conselho tem sede em Bruxelas, na Bélgica.

É preciso cuidado para o fato de que o Conselho não se confunde com o Conselho Europeu. O Conselho Europeu é instituição intergovernamental incumbida das decisões políticas a serem tomadas no bloco, além de definir princípios e orientações gerais de política externa e da segurança comum (Gomes; Montenegro, 2018).

Ao seu turno, a Comissão é a instituição com funções principais de zelar pela observância das obrigações comunitárias, podendo propor ao Conselho a elaboração da legislação comunitária, gozando, portanto de iniciativa legislativa (Gomes; Montenegro, 2018).

O Tribunal de Justiça, por sua vez, é órgão com dotação jurisdicional do bloco, com sede em Luxemburgo. Ainda que não detenha hierarquia superior aos tribunais nacionais (que também aplicam o direito comunitário, além das normas internas respectivas), atua com o foco maior de aplicação do direito comunitário. Consoante informações da página oficial do Tribunal de Justiça Europeu:

> O Tribunal de Justiça da União Europeia (TJUE) interpreta o direito europeu para garantir que este é aplicado da mesma forma em todos os países da UE e delibera sobre diferendos jurídicos entre governos nacionais e instituições europeias.

Em determinadas circunstâncias, os particulares, empresas ou organizações que considerem que os seus direitos foram violados por uma instituição europeia também podem recorrer ao TJUE. (União Europeia, 2020b)

Direito comunitário e suas principais estruturas são assuntos que já foram cobrados em concursos públicos, sobretudo naqueles voltados à atuação do agente estatal brasileiro no comércio internacional e nas vias diplomáticas. Nesse sentido, confira como o tema é abordado e procure responder à questão que segue.

Exercício resolvido

(Cespe – 2015 – Instituto Rio Branco) Em prol da preeminência do direito na ordem internacional e da solução pacífica de conflitos, o moderno fenômeno da multiplicidade de tribunais internacionais abrange as mais diversas e sofisticadas áreas. Ao alastrar a jurisdição internacional, o fenômeno pode, no entanto, resultar em conflitos interjurisdicionais, não desejáveis sob o prisma da segurança jurídica. Considerando a moderna atuação de tribunais internacionais, julgue (C ou E) o item que se segue.

O Tribunal de Justiça da União Europeia detém o monopólio de aplicação do direito da União Europeia, com jurisdição de efeito direto e de aplicação imediata em todos os Estados comunitários.

( ) Certo
( ) Errado

Gabarito oficial: *Errado*.

Comentários à questão: *Conforme visto, o Tribunal de Justiça da União Europeia não atua com exclusividade (monopólio) na aplicação do direito comunitário, que deverá também ser observado por parte dos tribunais nacionais dos Estados-membros.*

Por fim, quanto aos órgãos permanentes, o Tribunal de Contas, com sede em Luxemburgo, cuida das questões orçamentárias do bloco, com atuação maior no exame das receitas e das despesas do bloco.

No que concerne aos órgãos auxiliares, estes não têm poder de decisão na União Europeia, exercendo funções eminentemente consultivas e de assessoria. É, aqui, pois, que se enquadram o Comitê Econômico e Social, o Comitê das Regiões e o Banco Europeu de Investimento.

Quanto aos órgãos financeiros, consistentes no Banco Central Europeu e Instituto Monetário Europeu, estes basicamente cuidam da adoção e da circulação do Euro na respectiva Zona.

Por fim, no que tange ao Conselho Europeu, que não se confunde com o Conselho, trata-se de instituição na qual se decidem as políticas a serem aplicadas no âmbito da União Europeia. De acordo com o *site* oficial:

> O Conselho Europeu reúne os Chefes de Estado e de Governo dos Estados-Membros para definir a agenda política da UE.

Representa o nível mais elevado de cooperação política entre os países da UE.

Uma das 7 instituições oficiais da UE, o Conselho Europeu reveste a forma de cimeiras (geralmente trimestrais) entre os dirigentes da UE, presididas por um presidente permanente. (União Europeia, 2020a)

O Conselho Europeu tem, atualmente, sede em Bruxelas, na Bélgica, e desde 2019 seu presidente permanente é o político belga Charles Michel, em sucessão ao político Donald Tusk (2014-2019).

Para encerrar os estudos acerca do processo de integração europeu ilustrado pela União Europeia, insta comentar, em linhas gerais, a respeito das atualidades e dos desafios presentes no bloco.

Entre tais temas atuais, o recente processo de saída do Reino Unido (Brexit) trouxe importantes impactos ao bloco. Mais especificamente, em 29 de março de 2017, o Reino Unido notificou formalmente o Conselho Europeu sobre sua intenção de se retirar do bloco, o que foi efetivado em 31 de janeiro de 2020.

Tal processo de saída ganhou a denominação de *Brexit*, em junção às palavras, em inglês, *Britain* e *exit* (em tradução literal: saída do Reino Unido). Houve um plebiscito aos cidadãos do Reino Unido, em 2016, que questionava se o país deveria ou não sair da União Europeia, sendo vencedora a opinião pública de que a saída do Reino Unido deveria ocorrer.

Figura 4.5 – O Reino Unido e a opção de trilhar seus próprios caminhos em contraposição à opção de continuar no bloco

Delpixel/Shutterstock

No mais, de acordo com a teoria, variados fatores podem explicitar a razão do Brexit, o que inclui os efeitos da globalização econômica (Inglehart; Norris, 2016):

> Duas teorias são examinadas aqui. Talvez a visão mais difundida do apoio de massas – a perspectiva da insegurança econômica – enfatize as consequências de profundas mudanças que transformam a força de trabalho e a sociedade nas economias pós-industriais. Alternativamente, a tese do backlash cultural sugere que o apoio pode ser explicado como uma reação retro por setores da população outrora predominante à mudança progressiva de valor.

Ressaltamos que a saída do Reino Unido da União Europeia não extingue, por si só, o bloco econômico. Na realidade, a União Europeia, que antes tinha 28 Estados integrantes, passou a computar apenas 27 Estados-membros. No mais, há um processo de transição para a efetivação da saída, conforme previsão das normas comunitárias.

Luz, câmera, reflexão!

Já há filmes que retratam o Brexit e as narrativas possíveis para explicitar a saída do Reino Unido ao bloco econômico. Nesse sentido, recomendamos assistir ao filme Brexit: o jogo sujo da nova política, de 2019 e estrelado pelo autor Benedict Cumberbatch. *Está disponível no Google Play e na Amazon Prime.*

BREXIT: o jogo sujo da nova política. Direção: Toby Haynes. Reino Unido, 2019. 97 min.

Em contraposição, a União Europeia já firmou importantes acordos comerciais com diferentes países e blocos econômicos, bem como, futuramente, poderá realizar acordos comerciais com o próprio Reino Unido, a fim de implementar mais facilitações comerciais.

Entre os acordos comerciais recentemente realizados pelo bloco econômico, destacamos os realizados com o Vietnã e, inclusive, com o Mercosul[14].

---

4   Vide Seção 4.4 deste capítulo.

No mais, salientamos que os fatores que assolam a União Europeia, erros ou acertos, impactam, direta ou indiretamente, os outros Estados, incluindo o Brasil, bem como outros blocos econômicos, a exemplo maior do Mercosul.

Em síntese

União Europeia

- Bloco de natureza supranacional → direito comunitário.
    - Fontes primárias → tratados instituidores.
    - Fontes secundárias → regulamentos, diretivas, decisões, pareceres e recomendações.
- Antecedentes históricos:
    - CECA (Comunidade Econômica do Carvão e do Aço);
    - CEE (Comunidade Econômica da Europa);
    - CEEA (Comunidade Econômica de Energia Atômica).
- Estrutura:
    1. Órgãos permanentes
        - Parlamento Europeu
        - Conselho
        - Comissão
        - Tribunal de Justiça
        - Tribunal de Contas
    2. Órgãos auxiliares
        - Comitê Econômico e Social
        - Comitê das Regiões
        - Banco Europeu de Investimento

3. Órgãos financeiros
   - Sistema Europeu de Bancos Centrais e Banco Central Europeu
   - Instituto Monetário Europeu
4. Outras instituições
   - Conselho Europeu

— 4.3 —
Mercosul

Cada bloco econômico apresenta especificidades, estruturas e normas próprias, de modo que a história e o conceito do Mercado Comum do Sul, doravante denominado pela sua sigla *Mercosul*, em nada se assemelha com a União Europeia, apesar de ter, no bloco europeu, o modelo de ideal integracionista (Gomes, 2015).

Figura 4.6 – Bandeira do Mercosul, bloco do qual o Brasil é integrante

Nesta seção, nosso objetivo é evidenciar, em linhas gerais, os principais aspectos relacionados ao Mercosul. Assim, primeiramente, vale conhecer o processo histórico que se desencadeou no bloco econômico.

Como antecedentes do bloco, mencionamos o processo inicialmente impulsionado pela Associação Latino-Americana de Livre-Comércio (Alalc), constituída mediante o Tratado de Montevidéu, realizado com o fim de criação de um mercado-comum latino-americano. Não obstante, a Alalc não teve sucesso a longo prazo, sobretudo por conta de fatores internos vivenciados por seus países-membros (Accioly, 2010; Gomes, 2015).

Posteriormente, em 1980, foi criada a Associação Latino-Americana da Integração (Aladi), com o mesmo objetivo de criar um mercado comum na América Latina. Juridicamente, a Aladi foi concluída pela via do Tratado de Montevidéu de 1980 (Gomes, 2015).

Contudo, foi apenas na década de 1990, diante da nova realidade mundial e da necessidade de maior inserção no mundo globalizado, que o Mercosul surgiu como bloco econômico de natureza intergovernamental, regido pelas regras do direito internacional público e, atualmente, encontra-se em fase de união aduaneira imperfeita (Gomes; Montenegro, 2018). Atualmente, o Mercosul tem sede em Montevidéu, na Argentina.

Para saber mais ─────────────────────────────

O site *oficial do Mercosul, disponível em português, espanhol e inglês, reúne todas as novidades e as fontes jurídicas desse bloco econômico.*

MERCOSUL. Disponível em: <https://www.mercosur.int/pt-br/>. Acesso em: 9 jun. 2020.

───────────────────────────

Sob a dimensão política, o Mercosul foi idealizado, inicialmente, a partir de uma tentativa de maior aproximação entre o Brasil e a Argentina, com o mesmo objetivo: criar um mercado comum e aprimorar a inserção no mundo globalizado (Gomes, 2015).

Ora, se o sucesso da União Europeia tem relação com a reconciliação, principalmente, entre França e Alemanha, no bloco Mercosul era preciso que os dois principais países da integração encontrassem vias de harmonização política.

Contudo, a questão diplomática envolvida na busca por um denominador comum entre Brasil e Argentina mostrou-se repleta de desafios internos diferenciados da história europeia, contando com eventos de crises econômicas enfrentadas pelos países, instabilidade política e tempos de ditaduras militares, entre tantos outros fatores que impactam os ambientes intergovernamental e interno até os dias atuais (Cervo, 2008; Gomes; Montenegro, 2018).

De toda maneira, no processo integracionista entre Brasil e Argentina, posteriormente, uniram-se o Paraguai e o Uruguai e, em 26 de março de 1991, foi criado o bloco por meio do Tratado de Assunção.

Atualmente, são Estados-partes do Mercosul a Argentina, o Brasil, o Uruguai, o Paraguai e a Venezuela. Neste ponto, a Venezuela, que entrou no bloco em 2012, encontra-se suspensa por conta de violação à cláusula democrática existente na organização. Outrossim, o Estado da Bolívia está em processo de adesão ao bloco, de modo que passará a integrá-lo na qualidade de Estado-membro em futuro próximo.

Como Estados associados o bloco conta com o Chile, a Colômbia, o Equador, a Guiana, o Peru e o Suriname. Por fim, na qualidade de países observadores, o bloco conta com o México e a Nova Zelândia.

Acerca da distinção geral entre Estados participantes e observadores, vale esclarecer que, ao passo que os Estados participantes têm direito de participar, mas não têm direito à última palavra na tomada de decisões do bloco, os Estados observadores, como a nomenclatura diz, apenas têm direito à observação para fins de estudos, sem possibilidade de qualquer intervenção (Cretella Neto, 2014).

Figura 4.7 – Países integrantes do Mercosul, com membro suspenso Venezuela

MERCOSUL
MERCADO COMUM DO SUL

■ Membro ■ Associado ■ Suspenso

Quadro 4.2 – Mercosul: composição

Estados-partes	Estados associados	Estados observadores
Argentina	Chile	México
Brasil	Colômbia	Nova Zelândia
Paraguai	Guiana	

(continua)

(Quadro 4.2 – conclusão)

Estados-partes	Estados associados	Estados observadores
Uruguai	Peru	
	Suriname	
Venezuela (suspensa)	Bolívia (em fase de adesão como membro)	

Em termos econômicos, na atual fase da integração regional, podemos dizer que, apesar de o Mercosul, como o próprio nome diz, procurar consolidar um mercado comum, é classificado como *união aduaneira imperfeita*, que ora se caracteriza como zona de livre-comércio, ora como união aduaneira (Gomes, 2015).

Na realidade, o Tratado de Assunção tinha, originalmente, planos ambiciosos de concretização de um mercado comum em curto espaço de tempo, o que, no entanto, não se consumou. A própria União Europeia, modelo integracionista, não atingiu de imediato seu mais alto estágio de integração, de modo que resta aguardar o decorrer do tempo para a constatação de uma evolução do Mercosul como mercado comum de fato.

Confira como o tema é cobrado em concursos públicos e procure responder à questão que segue.

Exercício resolvido

(Cespe – 2018 – Instituto Rio Branco) Tendo em vista que a participação do Brasil na promoção de esforços de integração na América do Sul se dá sob diferentes formas e instâncias e envolve iniciativas político-diplomáticas e o engajamento em mecanismos regionais e sub-regionais de integração econômica e de cooperação, julgue (C ou E) o item seguinte, relativos a esse tema.

Concebido originalmente para o estabelecimento de um mercado comum, o Mercado Comum do Sul (MERCOSUL) incorporou à sua agenda e à sua estrutura organizacional, ainda no seu período de transição, um amplo conjunto de temas não afetos à integração econômica, o que dificultou sua consolidação como união aduaneira.

( ) Certo

( ) Errado

Gabarito oficial: *Errado.*

Comentários à questão: *O Mercosul visou, inicialmente, alçar o patamar de mercado comum, e não mera união aduaneira. Contudo, cuida-se de uma união aduaneira imperfeita, conforme já explicitado.*

Juridicamente, no que concerne às **fontes jurídicas** do Mercosul, além do Tratado de Assunção (1991), que instituiu o bloco como organização intergovernamental, prevê expressamente o Protocolo de Ouro Preto (1994):

> CAPÍTULO V
>
> Fontes Jurídicas do Mercosul
>
> Artigo 41
>
> As fontes jurídicas do Mercosul são:
>
> I – o Tratado de Assunção, seus protocolos e os instrumentos adicionais ou complementares;

II – os acordos celebrados no âmbito do Tratado de Assunção e seus protocolos;

III – as Decisões do Conselho do Mercado Comum, as Resoluções do Grupo Mercado Comum e as Diretrizes da Comissão do Mercosul, adotadas deste a entrada em vigor do Tratado de Assunção. (Brasil, 1996)

Dessa forma, os tratados e os documentos internacionais que sustentam o funcionamento e conferem base ao bloco são denominados de **fontes primárias** do bloco econômico (Gomes; Montenegro, 2018; Gomes, 2015). Ao seu turno, as chamadas **fontes secundárias** são aquelas derivadas das fontes primárias, compreendendo, de acordo com o Protocolo de Ouro Preto, decisões, diretrizes e resoluções que deverão ser incorporadas pelos Estados nos ordenamentos jurídicos (Gomes, 2015).

Nesse sentido, cabe elencar as seguintes fontes primárias, pelas razões a seguir indicadas:

- Tratado de Assunção (1991), visto que é o documento jurídico internacional que cria o bloco Mercosul.
- Protocolo de Brasília (1991), uma vez que trouxe o sistema de solução de controvérsias; foi alterado, posteriormente, pelo Protocolo de Olivos (2004).
- Protocolo de Ouro Preto (1994), na medida em que sinaliza a transição entre o bloco como zona de livre-comércio para união aduaneira imperfeita.

- Protocolo de Ushuaia, que traz a denominada *cláusula democrática*, conferindo a busca pela democracia no bloco.
- Protocolo de Olivos (2004), pois disciplina a solução de controvérsias no Mercosul.

Vale ressalvar, mais uma vez, que o Mercosul, por se tratar de organização intergovernamental, não apresenta qualquer característica de direito comunitário, de modo que as normas emanadas pela instituição dependem de internalização por parte de seus Estados-membros (Gomes; Montenegro, 2018). No caso do Brasil, tal internalização ocorre com a promulgação e a publicação do tratado internacional do bloco.

Quanto à estrutura do bloco econômico, prevista no Protocolo de Ouro Preto e ora vislumbrada de modo sumário, os órgãos institucionais são divididos em dois grupos principais:

1. Órgãos com capacidade decisória, assim definidos em razão de deliberarem sobre as políticas e os objetivos a serem adotados no Mercosul (Gomes; Montenegro, 2018; Gomes, 2015). São eles:
    - Conselho do Mercado Comum (CMC), previsto no Artigo 3 e seguintes do Protocolo de Ouro Preto;
    - Grupo Mercado Comum (GMC), previsto no Artigo 10 do Protocolo de Ouro Preto;
    - Comissão de Comércio do Mercosul (CCM), prevista no Artigo 16 e seguintes do Protocolo de Ouro Preto.

2. Órgãos de natureza consultiva, assim reconhecidos por não terem natureza vinculante, com o objetivo central de assessoramento dos órgãos e igualmente previstos no Protocolo de Ouro Preto. São eles:
- Parlamento do Mercosul;
- Foro Consultivo Econômico-Social (FCES), previsto no Artigo 28 e seguintes do Protocolo de Ouro Preto;
- Secretaria do Mercosul, prevista no Artigo 31 e seguintes do Protocolo de Ouro Preto.

Acerca do Parlamento do Mercosul, órgão que representa os setores econômicos e sociais dos países do Mercosul (Gomes; Montenegro, 2018), cumpre salientar que foi instituído posteriormente, em substituição à original Comissão Parlamentar Conjunta prevista pelo Protocolo de Ouro Preto.

No mais, é preciso ressaltar a existência de um Sistema de Solução de Controvérsias, de base arbitral. Gomes e Montenegro (2018, p. 108-109) explicam:

> No MERCOSUL, enquanto bloco econômico regido pelo Direito Internacional Público, a arbitragem é o sistema usado para a solução de controvérsias entre os Estados-partes.
>
> A jurisdição do Tribunal Arbitral é obrigatória para os Estados-partes do MERCOSUL, sem que haja a necessidade de prévio acordo. Devem eles submeter suas controvérsias ao Tribunal Arbitral, bem como cumprir suas decisões.

O sistema de solução de controvérsias entre os Estados-partes, regulamentado pelo Protocolo de Olivos, inclui a interpretação e a aplicação das disposições dos tratados institutivos do Mercosul, bem como as decisões do Conselho do Mercado.

Mais especificamente, o Sistema de Solução de Controvérsias existente no bloco é elucidado por meio de duas figuras centrais, (1) os tribunais arbitrais *ad hoc*, designados especialmente para resolver as lides comerciais envolvidas no bloco, e (2) o Tribunal Permanente de Revisão, instituído por meio do Protocolo de Olivos (2004), com competência principal de julgar recursos em face dos laudos arbitrais, com sede em Assunção, no Paraguai.

Um exemplo prático da atuação do Sistema de Solução de Controvérsias, ora mencionado apenas a título exemplificativo, foi o caso conhecido como *Guerra dos Pneus*, que tratava da proibição brasileira da importação de pneus reutilizados, por vedações ambientais e sanitárias. Nesse caso, atuou o Tribunal arbitral *ad hoc* do Mercosul, que proferiu laudo arbitral (2002) contra o Brasil e em prol da importação de pneus remoldados advindos do Uruguai.

Neste ponto, é interessante ressaltar que a questão dos pneumáticos também foi objeto de disputa perante o Sistema de Solução de Controvérsias da Organização Mundial do Comércio (OMC)[15].

---

5   Vide Capítulo 3, Seção 3.3, desta obra.

Ademais, a questão dos pneus remoldados também foi objeto de discussão interna no Brasil, por meio de Ação de Descumprimento Fundamental (ADPF) n. 101, que tramitou perante o Supremo Tribunal Federal (STF), órgão de cúpula do Poder Judiciário brasileiro, e culminou em decisão favorável aos princípios ambientais e sanitários.

A doutrina assim analisa o caso dos pneumáticos e seus impactos domésticos:

> A guerra dos pneus exemplifica a proposição mais abrangente de que a formulação de políticas públicas locais pode sofrer a incidência de articulações e normas oriundas não só de autoridades nacionais, mas também de movimentações deliberativas em espaços internacionais. [...]. Houve posições em disputa entre autoridades nacionais, entre estas e organismos internacionais, e ainda embates de organismos internacionais entre si. Tal configuração sugere a necessidade de que encadeamentos decisórios transfronteiriços sejam levados em conta na análise jurídica das políticas públicas locais. (Castro; Pena, 2016, p. 1.989)

Por fim, com relação às atualidades do bloco econômico, destacamos a questão das placas de veículos em padrão próprio do bloco, com vistas a efetivar uma livre-circulação de pessoas, bens e serviços entre os Estados-membros do bloco.

Trata-se de iniciativa concretizada por meio de Resolução do bloco aprovada em outubro de 2014 (Resolução n. 33/2014), a qual estabelece as características gerais da placa Mercosul.

Inclusive, a ideia da existência de uma placa em comum, originalmente, foi articulada desde 2010, durante conferência realizada no Brasil. As placas de veículos adotariam, no Brasil, o modelo a seguir, conforme mostra a Figura 4.8.

Figura 4.8 – Placa de carro Brasil

Nesse viés, o padrão de placas-Mercosul já é utilizado pelos Estados da Argentina e do Uruguai. O Brasil encontra-se, atualmente, em vias de implementação e emplacamento de veículos, com vistas, a longo prazo, de que "quase toda frota de veículos nacionais circule com o novo modelo até 2023" (Garcia, 2020). Segundo informações do *site* oficial do Mercosul:

> O Brasil informou oficialmente que deu início à utilização da Placa MERCOSUL, adotando o Código alfanumérico LLLNLNN. O anúncio aconteceu na 110ª reunião do Grupo Mercado

Comum, realizada nos dias 7 e 8 de novembro [de 2018], em Montevidéu.

A iniciativa de uma Placa comum para os países do bloco busca facilitar a circulação, a segurança e garantir a existência de uma base de dados conjunta, a fim de inibir falsificações e auxiliar na fiscalização nas fronteiras.

As Placas dianteira e traseira cumprem os padrões estabelecidos para o MERCOSUL, de acordo com os requisitos da Resolução GMC N. 33/14. Ainda, é importante destacar que foram estabelecidos os seguintes dados mínimos a serem compartilhados entre os Estados Partes: proprietário (nome, sobrenome e documento nacional de identidade), placa, tipo de veículo, marca e modelo, ano de fabricação, número de chassi, relatório de roubos e furtos.

Corresponde a cada país a distribuição dos caracteres alfanuméricos da Placa. A distribuição selecionada não deve coincidir com a de nenhum outro país do bloco, a fim de evitar obstrução e confusão em sua leitura e que permita desta forma, a identificação e fiscalização dos veículos. (Mercosul, 2018)

A questão do emplacamento de veículos é uma das atualidades que demonstram o gradual aprimoramento do bloco e do estreitamento de relações com os planos domésticos estatais.

Nesse mesmo sentido, vale lembrar que o bloco econômico da União Europeia também tem placa própria, o que facilita o livre trânsito de pessoas, bens e serviços, tendo servido de inspiração ao Mercosul.

Outra grande novidade é o acordo comercial concretizado em 2019 entre o bloco Mercosul e a União Europeia. Tendo em vista a importância e os pontos estratégicos do acordo, abordaremos o tema na próxima seção desta obra.

Com relação aos demais cenários, já se posicionou o Itamaraty que "depois dos acordos alcançados com a UE e com o EFTA (bloco formado por Suíça, Noruega, Islândia e Liechtenstein), há boas perspectivas de se chegar a um entendimento com Canadá e Cingapura em 2020" (Brasil, 2019b).

Em síntese

Mercado Comum do Sul (Mercosul)

- Organização intergovernamental, regida pelo direito internacional:
    - Fase de integração: união aduaneira imperfeita.
    - Estados-membros: Argentina, Brasil, Paraguai e Uruguai (obs: Venezuela – advento em 2012, mas atualmente está suspensa do bloco).
- Principais fontes jurídicas primárias:
    - Tratado de Assunção (1991);
    - Protocolo de Brasília (1991);
    - Protocolo de Ouro Preto (1994);
    - Protocolo de Ushuaia (1998);
    - Protocolo de Olivos (2004).

- Estrutura do Mercosul: previsão no Protocolo de Ouro Preto (Artigo 3 e seguintes):
    - órgãos decisórios;
    - órgãos consultivos.

— 4.4 —
Acordo comercial entre União Europeia e Mercosul

Abordados os blocos econômicos da União Europeia e do Mercosul, cabe, agora, analisar o recente acordo comercial, concretizado no ano de 2019, realizado entre os dois blocos e seus possíveis impactos em termos comerciais. Trata-se de extenso acordo, fruto de anos de diplomacia realizada entre os blocos e respectivos Estados integrantes, abarcando os seguintes tópicos (Nonnenberg; Ribeiro, 2019):

- comércio de bens;
- regras de origem;
- aduanas e facilitação de comércio;
- defesas e salvaguardas;
- medidas sanitárias e fitossanitárias;
- diálogos;

- barreiras técnicas ao comércio;
- serviços;
- compras governamentais;
- defesa da concorrência;
- subsídios;
- empresas estatais;
- direitos de propriedade intelectual, inclusive denominações de origem;
- comércio e desenvolvimento sustentável;
- transparência;
- integração regional;
- anexo de vinhos e destilados;
- temas institucionais, legais e horizontais;
- pequenas e médias empresas;
- solução de controvérsias.

Figura 4.9 – Acordo comercial entre União Europeia e Mercosul

Ademais, o acordo jurídico comercial abrange pontos ambientais e trabalhistas, a exemplo maior do comprometimento dos blocos e dos respectivos Estados nos termos do Acordo de Paris (2015), consistente em tratado internacional de proteção ambiental e mudanças climáticas, bem como pauta de políticas estratégicas baseadas no princípio da precaução, a fim de lidar com possíveis riscos científicos (Nonnenberg; Ribeiro, 2019).

Neste ponto, longe de verificar exaustivamente todos os aspectos comerciais presentes no Acordo entre União Europeia e Mercosul, cumpre salientar os principais pontos de conhecimento imprescindível para a atuação do comércio internacional.

De início, vale elucidar o processo diplomático que resultou nesse acordo comercial cuja relevância terá efeitos diretos e indiretos, a longo prazo, nos processos integracionistas diversos e nas respectivas teorias.

As negociações entre Mercosul e União Europeia iniciaram-se em 1999 e foram concluídas apenas em 2019, ou seja, após dez anos. Nos últimos anos, sobretudo por conta da posição do Brasil, houve uma aceleração nas negociações para concluir o acordo, o que é explicitado por força da escolha de um programa de liberalização comercial e de maior aderência às regras em vigor nos mercados dos países desenvolvidos (Pereira, 2019), acrescido da necessidade europeia de revitalizar o futuro industrial do bloco (Schutte, 2019).

Mais especificamente, no que concerne ao comércio de bens, há a expectativa de ampliação das exportações brasileiras à União Europeia, ao passo que o Mercosul vai liberalizar 91% das importações originárias da União Europeia, conforme previsto no acordo (Brasil, 2019a).

No setor agrícola, fonte de controvérsias durante a realização do acordo, produtos diversos terão acesso ampliado ao mercado europeu por meio de quotas, de acordo com tabela prevista no referido acordo (Brasil, 2019a).

No setor industrial, a União Europeia compromete-se a eliminar 100% de suas tarifas, no prazo de até 10 anos, sendo cerca de 80% na entrada em vigor do acordo. O Mercosul, ao seu turno, liberalizará 91% do comércio em volume e linhas tarifárias (Brasil, 2019a).

Juridicamente, em termos de defesa comercial e solução de controvérsias, é interessante notar que o acordo, em capítulo próprio, amplia os mecanismos à disposição do Brasil para a resolução de disputas comerciais com a União Europeia, sem embargo da possibilidade de uso do Sistema de Solução de Controvérsias da OMC (Brasil, 2019a).

Além desses tópicos, conforme já comentado, outros diversos temas são abrangidos pelo acordo, como comércio de serviços, questões relacionadas à propriedade intelectual, ao trabalho e emprego, etc.

Para saber mais ─────────────────────────────

Vale a pena analisar, pormenorizadamente, o resumo informativo do Acordo de Associação Mercosul-União Europeia, elaborado pelo governo brasileiro. Nesse documento, há explicitação geral de cada capítulo tratado pelo acordo e de suas finalidades, além das tabelas de produtos beneficiados e de tratamento diferenciado.

BRASIL. Ministério das Relações Exteriores. **Acordo de Associação Mercosul-União Europeia**: resumo Informativo. 4 jul. 2019. Disponível em: <http://www.itamaraty.gov.br/images/2019/2019_07_03_-_Resumo_Acordo_Mercosul_UE.pdf >. Acesso em: 9 jun. 2020.

Entre os pontos positivos do acordo, na análise de cenários conferida por *experts* brasileiros, técnicos do Instituto de Pesquisa Econômica Aplicada (Ipea), destacam-se:

> O acordo Mercosul-UE é muito mais que simplesmente um acordo de livre comércio. Engloba diversos temas econômicos, além dos pilares político e de cooperação. Portanto, além do aumento do comércio de bens entre as duas regiões, pode-se esperar crescimento dos investimentos externos – atraídos pela maior estabilidade de regras, convergência regulatória, mecanismos de solução de controvérsias e transparência –, do comércio de serviços e maior integração e convergência nos campos econômico, político, regulatório, de meio ambiente, de tecnologia etc.
>
> No caso específico do comércio, ainda que as reduções tarifárias obtidas pelos países do Mercosul sejam inferiores às obtidas pelos países europeus, principalmente do ponto de vista dos produtos agropecuários, deve-se lembrar que acordos comerciais não constituem arranjos de soma zero. A liberalização comercial daí resultante representa ganhos para todas

as partes envolvidas. Do ponto de vista do Brasil, por exemplo, o acordo permitirá substancial redução de preços de produtos manufaturados, especialmente bens de capital, químicos e produtos farmacêuticos, que representam parcela significativa das importações brasileiras da UE. Tal redução tem grande potencial de contribuir para o aumento da produtividade da economia brasileira e mesmo para inserir melhor o país nas cadeias globais de valor. (Nonnenberg; Ribeiro, 2019, p. 12-13)

Em contrapartida, há analistas que verificam desvantagens e aspectos desfavoráveis do acordo, principalmente para o Brasil. Nesse sentido, na perspectiva de Giorgio Romano Schutte (2019), do Observatório da Economia Contemporânea,

> O acordo em si não vai, como quer fazer crer o governo, extinguir as desvantagens competitivas do que resta da indústria brasileira. Tampouco ele é a causa desses problemas. O aprofundamento da especialização em exportação de matérias-primas, embora venha de longe, é parte das políticas implementadas por este governo e o acordo opera em sintonia com esta visão.
>
> [...]
>
> Considerando a forte presença de multinacionais – em particular europeias – no Brasil, é essencial avançar em políticas que possam provocar aumento da produtividade e estímulo à geração de capacidade tecnológica endógena interna a partir desses investimentos. Isso não acontece somente com a abertura. A China pode servir de exemplo, mas justamente

essas políticas estão sendo atacadas por Estados Unidos e UE. O acordo com os europeus tende a levar o Brasil a um futuro distante do que se deseja ao aprofundar a especialização regressiva, mas qual é efetivamente a inserção internacional que o campo democrático-popular busca defender?

Ainda é cedo para se falar, incólume de dúvidas, em resultados positivos ou negativos proporcionados pelo acordo entre os dois blocos econômicos. De qualquer maneira, trata-se de uma nova via cooperativa, com vistas a viabilizar a competição no comércio internacional, aliando-se a questões ambientais, estampadas na cláusula da precaução.

Em síntese

Acordo Comercial entre União Europeia e Mercosul (1999-2019)

- Concretização = Maior liberalização economia dos países do bloco do Mercosul + Necessidade de renovação na indústria europeia.
- Acordo internacional com vários temas que não apenas questões econômicas, a exemplo de pontos ambientais:
    - há análises de cenários tanto positivos quanto negativos ao comércio internacional;
    - há necessidade de reanálise a longo prazo, para nova constatação.

— 4.5 —
Outros blocos econômicos e processos de integração

Não apenas a União Europeia e o Mercosul constituem blocos econômicos. Há uma diversidade intensa de blocos nas mais variadas regiões do globo terrestre.

De modo geral, os blocos econômicos são instituições de natureza intergovernamental (à exceção da União Europeia, regida pela supranacionalidade), regidas pelo direito internacional público (Gomes; Montenegro, 2018).

Longe de realizar uma análise sobre todos os blocos econômicos existentes, apenas faremos menção a outros blocos localizados nas regiões das Américas, uma vez que têm impacto, direto ou indireto, para o Brasil.

Desta feita, o continente americano conta com outros blocos econômicos, tais como (Gomes; Montenegro, 2018):

- União Sul-Americana de Nações (Unasul);
- Comunidade Andina de Nações;
- Organização dos Estados Centro-Americanos (Odeca);
- Mercado Comum Centro-Americano (MCCA);
- Comunidade dos Estados Latino-Americanos e Caribenhos (Caricom);
- Aliança do Pacífico;
- Comunidade de Estados Latino-Americanos e Caribenhos (Celac);

- Organizações dos Estados do Caribe Oriental (OECO);
- Associação Latino-Americana de Integração (Aladi).

Mais especificamente com relação a blocos como a Unasul e a Celac, vale observar que o Brasil, na condição de Estado-membro, encontra-se, atualmente, em fase de formalização de saída desses blocos.

Não se deve olvidar, nesse sentido, que os vários processos de integração perpassam por políticas internas e externas diversas, que não apenas centradas em questões puramente econômicas. Ademais, salientamos que, na contemporaneidade, a integração pode ultrapassar regiões no sentido geográfico, bem como pode trazer o potencial de colocar em pauta novos mecanismos institucionais de cooperação entre seus parceiros, a exemplo maior da junção entre Brasil, Rússia, Índia, China e África do Sul (Brics).

Nesse sentido, o conceito de Brics surge não necessariamente como uma organização intergovernamental, mas como um arranjo diplomático em sentido lato:

> O BRICS é um arranjo minilateral escassamente institucionalizado, formado por Brasil, Rússia, Índia, China e África do Sul. Esta instituição se caracteriza pela organização de reuniões de cúpula anuais, além de reuniões intermediárias, que permitem a definição de posições conjuntas entre os países que o compõem no que diz respeito a temas da agenda política global, bem como a definição de acordos de cooperação em áreas diversas das políticas públicas, que assumem um formato horizontal caro às relações sul-sul. (Silva; Gomes, 2019, p. 28)

Interessante observar que, no caso do Brics, a região de integração não ocorre, necessariamente, entre Estados vizinhos e dotados dos mesmos problemas ou pertencentes a regiões próximas, mas em Estados com notadas diferenças estruturais, contudo, todos reconhecidos como *países em desenvolvimento*. Nesse contexto, vejamos o mapa com os Estados que integram o Brics:

Figura 4.10 – Brics: Estados integrantes

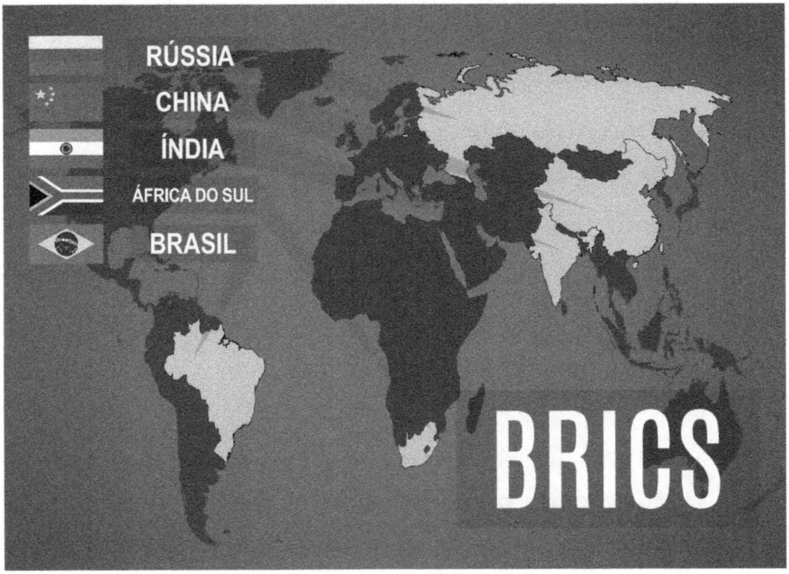

WindVector/Shutterstock

Sobre as semelhanças e as diferenças entre os integrantes do Brics, Ferrari Filho e Spanakos (2019, p. 215, tradução nossa) esclarecem:

Os países do BRICS diferem-se na velocidade, ritmo e conteúdo das reformas que implementam, bem como na quantidade de pressão que sofrem das instituições financeiras internacionais e dos parceiros comerciais. No entanto, todos se moveram para liberalizar suas economias em graus desconhecidos por qualquer um desses países durante grande parte do século XX. É importante ressaltar que todos se mudaram para transformar empresas estatais em parcerias privadas ou mistas cujo desempenho seria determinado pelo mercado e não pelas condições políticas, aumentando o papel da participação nacional e estrangeira (China em menor grau) no mercado de capitais, flexibilizando os contratos de trabalho e direitos e acolhendo o investimento privado estrangeiro e doméstico, particularmente em indústrias que antes eram consideradas sensíveis ou parte da segurança nacional (novamente a China em uma extensão muito menor).

Dadas essas semelhanças, o que é revelador é a grande diferença no crescimento econômico na última década. Mais especificamente, dado que a explicação do crescimento da China e da Índia é normalmente entendida como resultado da liberalização, é importante ver que a liberalização não teve o mesmo efeito no Brasil e na Rússia (na década de 1990).

Portanto, o Brics revela-se um interessante arranjo cooperativo que visa beneficiar seus membros (Brasil, Rússia, Índia, China e África do Sul), notadamente países emergentes, cada qual com seus graus de crescimento e vicissitudes econômicas.

O termo *Bric* foi inicialmente divulgado pelo economista britânico Jim O'Neil, que indicou, em 2001, o Brasil, a Rússia, a Índia e a China como países com grande potencial econômico; a África do Sul, ao seu turno, foi incluída em 2010, passando-se a adotar a sigla "BRICS".

Contudo, conforme visto, apesar de a China e a Índia apresentarem intenso crescimento econômico, países como o Brasil vivenciaram, de 2001 para cá, diversos períodos de crises econômicas, bem como de crises políticas internas, que acabaram afetando a conjuntura do Brics.

Ainda que o crescimento de todos os países não tenha correspondido às expectativas originais, os estudos trazidos pelo economista, aliados efetivamente à união entre os países que compõem o Brics, foram responsáveis por trazer a emergência de novos Estados na economia, cada qual com suas peculiaridades e políticas, mas todos voltados à competição comercial internacional mediante novas práticas diplomáticas. Conforme explica o diplomata Paulo Roberto de Almeida (2010, p. 132):

> Independentemente da capacidade efetiva dos quatro países de transformar, de maneira decisiva, a geografia econômica mundial, bem como sua atual arquitetura institucional, pode-se argumentar que o exercício intelectual do economista do Goldman Sachs revelou-se uma das mais interessantes trouvailles analíticas das últimas décadas. Trata-se, provavelmente, do primeiro grupo político – que pode se transformar, ou não, em um bloco mais estruturado, dependendo das circunstâncias – que foi constituído a partir de uma sugestão

teórica de um economista corporativo, e não por iniciativa original dos próprios Estados envolvidos. Em outros termos, os quatro países talvez não se aproximassem da forma como o fizeram não fosse pelo acrônimo inovador criado pelo referido economista, dotado de algum appeal geopolítico, como parece ser o caso. Talvez os quatro países tivessem realizado, de forma autônoma e independente, essa caminhada em direção a um grupo político; mas parece improvável que eles o tivessem feito no timing, ou na cronologia efetivamente ocorrida, na ausência da sugestão corporativa.

Independentemente de quais forem os cenários dos países integrantes do Brics, trata-se de instituição integracionista, tendo como palavras-chave a *cooperação* e a *coordenação* entre seus membros para fins de proporcionar, juntos, maior crescimento comercial e econômico.

A união dos países do Brics é tema em alta, de modo que se torna imprescindível o conhecimento sobre o tema para realização de provas variadas em concursos públicos. Nesse sentido, confira como o assunto é cobrado e procure responder à questão que segue:

Exercício resolvido

(FCC – 2019 – AFAP) BRICS é o nome de um conjunto econômico de países considerados "emergentes", que juntos formam um grupo político de cooperação. São formados por:
a) Bélgica, Romênia, Índia, Chile e Suíça.
b) Brasil, Rússia, Irlanda, Canadá e Suécia.

c) Brasil, Rússia, Índia, China e África do Sul.
d) Bulgária, Rússia, Índia, China e Sérvia.
e) Brasil, Rússia, Israel, Canadá e Singapura.

Gabarito oficial: c.

Comentários à questão: *Ainda que o candidato não lembrasse com especificidade quais países compõem sigla Brics, basta recordar que se trata de cooperação entre Estados, incluindo o Brasil, com vistas a concorrerem no mercado e a se desenvolverem, sendo considerados Estados emergentes. Países como Canadá, Suécia, Suíça não se enquadram na categoria de países em desenvolvimento ou emergentes, de modo que deve ser assinalada a alternativa "c".*

A consecução, finalizada em 2019, do Acordo entre União Europeia e Mercosul, abrangendo diversas áreas que não apenas aquelas puramente econômicas e com a finalidade principal de constituição de uma das maiores áreas de livre comércio e possibilidades de competição internacional, também demonstra, claramente, a modificação nos processos integracionistas na atualidade. Nesse sentido,

> O MERCOSUL e a UE representam, somados, PIB de cerca de US$ 20 trilhões, aproximadamente 25% da economia mundial, e mercado de aproximadamente 780 milhões de pessoas. O acordo constituirá uma das maiores áreas de livre

comércio do mundo. A UE é o segundo parceiro comercial do MERCOSUL, que é o 8º principal parceiro extrarregional da UE. A corrente de comércio birregional foi de mais de US$ 90 bilhões em 2018. O Brasil exportou mais de US$ 42 bilhões para a UE, aproximadamente 18% do total exportado pelo país.

A UE figura como o maior investidor estrangeiro no MERCOSUL. Em 2017, o estoque de investimentos da UE no bloco sul-americano somou US$ 433 bilhões. O Brasil é o quarto maior destino de investimento estrangeiro direto (IED) extrabloco da UE. (Brasil, 2019a, p. 2)[16]

Salientamos, nesse deslinde, que os mais diversificados processos de integração estão presentes no mundo atual, marcado por crescentes relações de interdependência. Consequentemente, não se pode falar, de antemão e sem um estudo interdisciplinar minucioso e a longo prazo, na "morte" de qualquer bloco econômico, mas em modificações institucionais cada vez mais constantes para fins de resolução de problemas em comum, atrelados ao encontro de entendimentos políticos dotados de vontade cooperativa. Nesse sentido, Gomes (2015, p. 31) elucida:

> Embora o elemento jurídico seja extremamente importante para a materialização dos blocos econômicos, uma vez que estes somente surgem através dos tratados, deve-se ter em mente que a formação dos blocos econômicos decorre de um comprometimento político – dos mesmos Estados que

---

6 Especificamente sobre os principais pontos e cenários do Acordo Comercial entre União Europeia e Mercosul, recomendamos a leitura da Seção 4.4 deste capítulo.

integram o bloco – comprometimento este no sentido de cumprirem com os objetivos estabelecidos dentro dos tratados fundacionais do bloco.

A participação conciliatória entre os Estados e outros atores internacionais perante a sociedade internacional, ainda que sofram alterações em sua execução, remanesce, ontologicamente, como um elemento-chave para o aprimoramento dos processos de integração e para a resolução de problemas em comum enfrentados.

Em síntese

Outros blocos econômicos e processos de integração

- *Cooperação* como palavra-chave para a compreensão geral dos processos integracionistas.
- No continente americano:
  - União Sul-Americana de Nações (Unasul);
  - Comunidade Andina de Nações;
  - Organização dos Estados Centro-Americanos (Odeca);
  - Mercado Comum Centro-Americano (MCCA);
  - Comunidade dos Estados Latino-Americanos e Caribenhos (Caricom);
  - **Aliança do Pacífico;**
  - Comunidade de Estados Latino-Americanos e Caribenhos (Celac);

- Organizações dos Estados do Caribe Oriental (OECO);
- Associação Latino-Americana de Integração (Aladi).

Obs.: Unasul e Celac → No momento, não são prioridades para o Brasil.

- Outros processos integracionistas, de impacto direto para o Brasil:
    - **Questão dos Brics** → arranjo institucional diferenciado (Brasil, Rússia, Índia e China; inclusão da África do Sul em 2010).
    - Acordo entre União Europeia e Mercosul → amplo aspecto (comercial, econômico, ambiental, trabalhista, etc.).

Considerações finais

Nesta obra, procuramos apresentar, sob uma perspectiva multidimensional e interdisciplinar, o fenômeno globalizatório, o comércio internacional e os processos de integração.

Iniciamos o presente estudo com a delimitação do que se entende por *globalização* – processo gradual (sem data definitiva de início ou de fim) e multifacetado, que culmina por impactar as relações sociais e o espaço temporal e geográfico.

Contudo, nesse contexto, verificamos também que o comércio internacional e as relações globalizatórias apresentam assimetrias variadas, a exemplo maior das relações entre os hemisférios Norte, que conta com grande parte dos países considerados desenvolvidos, e Sul, que, ao seu turno, é o local da maior parte dos países em desenvolvimento e subdesenvolvidos.

Na presente obra, adotamos como enfoque central a globalização em sua vertente econômica e social, uma vez que está diretamente relacionada aos processos de integração regional.

Nessa medida, realizamos uma análise teórica e esquematizada a respeito do comércio internacional e das mudanças históricas enfrentadas. No mais, constatamos que muitos são os desafios da atualidade em termos comerciais e há variadas opções políticas e jurídicas para enfrentar tais desafios. Entre as opções, sob uma perspectiva jurídica e econômica, em um primeiro instante, elucidamos o multilateralismo comercial, ilustrado, sobretudo, por meio da Organização Mundial do Comércio (OMC).

Após, examinamos a proposta trazida pelos blocos econômicos e outros principais processos de integração regional. Destacamos, nessa análise, a União Europeia, pioneira na integração econômica e considerada um modelo para os demais Estados, bem como o Mercado Comum do Sul (Mercosul), do qual o Brasil é integrante.

Em linhas gerais, discutimos o Acordo Comercial entre União Europeia e Mercosul, concretizado em 2019, que apresenta pontos importantes envolvendo questões não apenas econômicas, mas também multidisciplinares, tema que é de imprescindível conhecimento.

Além disso, tratamos sumariamente de outros blocos e processos integracionistas que impactam a esfera doméstica brasileira, como a associação política entre o Brasil, a Rússia, a Índia, a China e a África do Sul (Brics).

Trouxemos para a reflexão, ainda, as questões e os desafios mais atuais possíveis, com enfoque diversificado, de modo a servir aos estudantes de diversas áreas do saber.

Ademais, ao longo deste livro, para aqueles que visam dedicar-se ao estudo da globalização e dos processos de integração para fins de prestar concursos públicos, contemplamos, em cada capítulo, um exemplo prático a respeito do assunto, com vistas a fixar o conteúdo abordado.

Também sugerimos filmes, dicas e *sites* oficiais para todos aqueles interessados no estudo da globalização e dos processos de integração. Não deixe de conferir essas sugestões para engrandecer os estudos!

Após a leitura desta obra, esperamos ter contribuído para uma ótima experiência, instigando o leitor a aprofundar as reflexões sobre as questões e os temas de que tratamos aqui.

Referências

ACCIOLY, E. **Mercosul e União Europeia**: estrutura jurídico-institucional. 4. ed. Curitiba: Juruá, 2010.

ADDA, J. **As origens da globalização da economia.** Tradução de André Villalobos. Barueri, São Paulo: Manole, 2004.

ALENCAR, J. **O Guarani**. Porto Alegre: L&PM Pocket, 2006.

ALMEIDA, P. R. de. O Bric e a substituição de hegemonias: um exercício analítico (perspectiva histórico-diplomática sobre a emergência de um novo cenário global). In: BAUMANN, Renato. (Org.). **O Brasil e os demais Brics**: comércio e política. Brasília: Cepal-Ipea, 2010. p. 131-154.

ALMEIDA, P. R. de. **Relações internacionais e política externa do Brasil:** história e sociologia da diplomacia brasileira. 2. ed. Porto Alegre: UFRGS, 2004.

AMARAL JÚNIOR, A. do. **Curso de direito internacional público**. 5. ed. São Paulo: Atlas, 2015.

AMARAL JÚNIOR, A. do. Mercosul: características e perspectivas. **Revista de Informação Legislativa**, Brasília, n.146, p. 291-307, 2000. Disponível em: <https://www2.senado.leg.br/bdsf/bitstream/handle/id/599/r146-22.pdf?sequence=4&isAllowed=y>. Acesso em: 9 jun. 2020.

ANTUNES, A. L. **As naus**. Rio de Janeiro: Alfaguara, 2011.

BALASSA, B. **Teoria da integração econômica**. Lisboa: Livraria Clássica, 1961.

BARRAL, W. (Org.). **Solução de controvérsias na Organização Mundial do Comércio**. Brasília, Ministério das Relações Exteriores: Fundação Alexandre de Gusmão, 2007. Disponível em: <http://funag.gov.br/biblioteca/download/359-solucao_de_controversias_na_omc.pdf>. Acesso em: 9 jun. 2020.

BAUMAN, Z. **Globalização**: as consequências humanas. Tradução de Marcus Penchel. Rio de Janeiro: Zahar, 1999.

BAUMAN, Z. **Vida a crédito**: conversas com Citlali Rovirosa Madrazo. Tradução de Alexandre Werneck. Rio de Janeiro: Zahar, 2010.

BAYLIS, J.; SMITH, S.; OWENS, P. (Eds.). **The Globalization of World Politics**: an Introduction to International Relations. 7. ed. United Kingdom: Oxford University Press, 2017.

BOBBIO, N. **A era dos direitos**. Rio de Janeiro: Elsevier; Rio de Janeiro: Campus, 2004.

BRAUDEL, F. **Civilização material, economia e capitalismo**: séculos XV-XVIII – as estruturas do cotidiano. São Paulo: M. Fontes, 1995.

BRASIL. Decreto n. 1.901, de 9 de maio de 1996. **Diário Oficial da União**, Brasília, DF, Poder Executivo, 10 maio 1996. Disponível em: <http://www.planalto.gov.br/ccivil_03/decreto/D1901.htm>. Acesso em: 9 jun. 2020.

BRASIL. Ministério da Economia. **Acordos da OMC**. Disponível em: <http://www.mdic.gov.br/comercio-exterior/negociacoes-internacionais/1885-omc-acordos-da-omc>. Acesso em: 9 jun. 2020a.

BRASIL. Ministério da Economia. **Subsídios e medidas compensatórias**. Disponível em: < http://www.mdic.gov.br/index.php/comercio-exterior/defesa-comercial/205-o-que-e-defesa-comercial/1774-medidas-subsidios-e-medidas-compensatorias>. Acesso em: 9 jun. 2020b.

BRASIL. Ministério das Relações Exteriores. **Acordo de Associação Mercosul-União Europeia**: resumo informativo. 4 jul. 2019a. Disponível em: <http://www.itamaraty.gov.br/images/2019/2019_07_03_-_Resumo_Acordo_Mercosul_UE.pdf >. Acesso em: 9 jun. 2020.

BRASIL. Ministério das Relações Exteriores. **Contencioso na OMC entre Brasil e Tailândia sobre subsídios ao setor de cana e de açúcar – Pedido de Consulta**. 4 abr. 2016. Disponível em: <http://www.itamaraty.gov.br/pt-BR/notas-a-imprensa/13719-contencioso-na-omc-entre-brasil-e-tailandia-sobre-subsidios-ao-setor-de-cana-e-de-acucar-pedido-de-consulta>. Acesso em: 9 jun. 2020.

BRASIL. Ministério das Relações Exteriores. **Informações de apoio**. 2018. Disponível em: <http://www.itamaraty.gov.br/images/2018/OMC -Contenciosos-Tributrios -Informao-de-Apoio.pdf>. Acesso em: 9 jun. 2020.

BRASIL. Ministério das Relações Exteriores. **Ministro das Relações Exteriores – Entrevistas**. 25 nov. 2019b. Disponível em: <http://www.itamaraty.gov.br/pt-BR/discursos-artigos-e-entrevistas-categoria/ministro-das-relacoes-exteriores-entrevistas/21098-deixar-o-mercosul-e-uma-possibilidade-diz-chanceler-valor-economico-25-11-2019>. Acesso em: 9 jun. 2020.

BRASIL. Supremo Tribunal Federal. Arguição de Descumprimento de Preceito Fundamental n. 101/DF, de 24 de junho de 2009, Rel. Min. Cármen Lúcia, Brasília, **Diário da Justiça**, 4 jun. 2012. Disponível em: <http://redir.stf.jus.br/paginadorpub/paginador.jsp?docTP=AC&docID=629955>. Acesso em: 9 jun. 2020.

BRITO, A.; SOUZA, L. F. de. Briga de gigantes: as relações entre EUA e China. **Politize!**, 9 jan. 2019. Disponível em: <https://www.politize.com.br/eua-e-china-guerra-comercial/>. Acesso em: 9 jun. 2020.

CALAME, P. **Sauvons la démocratie!** Lettre ouverte aux femmes et hommes politiques. France: Charles Léopold Mayer, 2012.

CAMÕES, L. V. de. **Sonetos**. São Paulo: Ática, 2011.

CASTELLS, M. **A sociedade em rede**. Tradução de Roneide Venancio Majer. São Paulo: Paz e Terra, 2012.

CASTRO, M. F. de; PENA, H. Relevância jurídica dos encadeamentos decisórios e outros processos transfronteiriços: o exemplo de seu impacto sobre barreiras comerciais brasileiras na Guerra dos Pneus. **Quaestio Juris**, Rio de Janeiro, v. 9, p. 1.982-2.006, 2016. Disponível em: <https://www.e-publicacoes.uerj.br/index.php/quaestioiuris/article/view/22445/18880>. Acesso em: 9 jun. 2020.

CERVO, A. **Inserção internacional**: formação dos conceitos brasileiros. São Paulo: Saraiva, 2008.

COMISSÃO EUROPEIA. **Robert Schuman**: o arquiteto do projeto de integração europeia. Disponível em: <https://europa.eu/european-union/sites/europaeu/files/docs/body/robert_schuman_pt.pdf>. Acesso em: 9 jun. 2020.

CRETELLA NETO, J. **Teoria geral das organizações internacionais**. 3. ed. São Paulo: Saraiva, 2014.

DUPUY, P.-M. Soft Law and the International Law of the Environment. **Michigan Journal of International Law**, Michigan: University of Michigan Law School, v. 12, n. 2, p. 420-435, 1990.

FALK, R. **Globalização predatória**: uma crítica. Tradução de Rogério Alves. Lisboa: Instituto Piaget, 1999.

FERNÁNDES diz que Argentina não solicitará novos empréstimos ao FMI. **Veja**, 27 nov. 2019. Disponível em: <https://veja.abril.com.br/economia/fernandez-diz-que-argentina-nao-solicitara-novos-emprestimos-ao-fmi/>. Acesso em: 9 jun. 2020.

FERRARI FILHO, F.; SPANAKOS, A. A Comparative Analysis of Brazilian and Chinese Economic Performances from 1995 to 2016. In: GRIVOYANNIS, E. C. (Ed.). **International Integration of the Brazilian Economy**. New York: Palgrave MacMillan, 2019. p. 211-246.

GALEANO, E. **As veias abertas da América Latina**. Tradução de Galeano de Freitas. Rio de Janeiro: Paz e Terra, 1971.

GARCIA, A. placas padrão Mercosul passam a ser obrigatórias em todo o Brasil. **R7 Notícias**, 31 jan. 2020. Disponível em: <https://noticias.r7.com/economia/placas-padrao-mercosul-passam-a-ser-obrigatorias-em-todo-o-brasil-31012020>. Acesso em: 9 jun. 2020.

GILPIN, R. **A economia política das relações internacionais**. Tradução de Sérgio Bath. Brasília: UnB, 2002.

GOMES, E. B. **Direito da integração econômica**. Curitiba: InterSaberes, 2015.

GOMES, E. B. Direitos fundamentais: a questão dos pneumáticos no Mercosul. **A & C Revista de Direito Administrativo & Constitucional**, Curitiba, v. 35, p. 137-156, 2009. Disponível em: <http://www.revistaaec.com/index.php/revistaaec/article/viewFile/309/126>. Acesso em: 9 jun. 2020.

GOMES, E. B.; GONÇALVES, A. E. B. A teoria ambientalista (green theory) e a competência consultiva da Corte Interamericana de Direitos Humanos: o caso da Colômbia. **Revista de Direito Internacional**, Brasília: UniCeub, v. 14, p. 148-159, 2018.

GOMES, E. B.; MARINOZZI, J. C. O diálogo entre fontes normativas e o controle de convencionalidade: entre o livre comércio e o desenvolvimento econômico e sustentável. **Revista de Direito Internacional**, Brasília: UniCeub, v. 16, n. 1, p. 187-200, 2019. Disponível em: <https://www.publicacoesacademicas.uniceub.br/rdi/article/view/5901>. Acesso em: 9 jun. 2020.

GOMES, E. B.; MONTENEGRO, J. **Curso de direito da integração regional**. Curitiba: Instituto Memória, 2018.

GOMES, E. B.; SILKA, R. O estado constitucional de direito e a democracia frente à crise econômica mundial. **Pensar Revista de Ciências Jurídicas**, Fortaleza: Unifor, v. 17, n. 1, p. 57-74, 2012. Disponível em: <https://periodicos.unifor.br/rpen/article/view/2287>. Acesso em: 9 jun. 2020.

GOMES, E. B.; TEODOROVICZ, J. Comércio eletrônico no Mercosul e no Brasil: o Direito Internacional Privado e a ausência de uma harmonização legislativa. In: URQUIZU CAVALLÉ, A.; RIVAS NIETO, E. (Org.). **Comércio internacional y economía colaborativa en la era digital**: aspectos tributarios y empresariales. Navarra: Aranzadi, 2019. p. 55-71.

GRÉCIA diz adeus ao FMI... em Atenas! **Euronews**, 9 jan. 2020. Disponível em: <https://pt.euronews.com/2020/01/08/adeus-fmi >. Acesso em: 9 jun. 2020.

HERZ, M.; HOFFMAN, A.; TABAK, J. **Organizações internacionais**: história e práticas. 2. ed. Rio de Janeiro: Elsevier, 2015.

HUNT; E. K; LAUTZENHEISER, M. **História do pensamento econômico**: uma perspectiva crítica. 3. ed. São Paulo: GEN Atlas, 2012.

IANNI, O. Globalização: novo paradigma das ciências sociais. **Estudos Avançados**, São Paulo, v. 8, n. 21, May/Aug. 1994. Disponível em: <http://www.scielo.br/scielo.php?script=sci_arttext&pid=S0103-40141994000200009>. Acesso em: 9 jun. 2020.

IKENBERRY, G. J. The Political Origins of Bretton Woods. In: BORDO, M. D.; EICHENGREEN, B. (Eds.). **A Retrospective on the Bretton Woods System**: Lessons for International Monetary Reform. Chicago: The University of Chicago Press, 1993.

INGLEHART, R. F.; NORRIS, P. **Trump, Brexit, and the Rise of Populism**: Economic Have-Nots and Cultural Backlash. July 29, 2016.

JACKSON, T. **Prosperidade sem crescimento**: vida boa em um planeta finito. São Paulo: Planeta Sustentável; Abril, 2013.

LAFER, C. **Relações internacionais, política externa e diplomacia brasileira**: pensamento e ação. Brasília: Funag, 2018.

LAMPREIA, L. F. **O Brasil e os ventos do mundo**: memórias de cinco décadas na cena internacional. Rio de Janeiro: Objetiva, 2010.

LEVY, M. S. F. A escolha do cônjuge. **Revista Brasileira de Estudos de População**, São Paulo, v. 26, n. 1, jan./jun. 2009. Disponível em: <http://www.scielo.br/scielo.php?script=sci_arttext&pid=S0102-30982009000100009>. Acesso em: 9 jun. 2020.

LOCKE, J. **Segundo tratado sobre o governo**: ensaio relativo à verdadeira origem, extensão e objetivo do governo civil. São Paulo: Martin Claret, 2003.

MAHAN, A. T. **The Influence of Sea Power Upon History**: 1660-1783. Boston: Little, Brown, and Company, 1890. Disponível em: <https://ia902708.us.archive.org/13/items/seanpowerinf00maha/seanpowerinf00maha.pdf>. Acesso em: 9 jun. 2020.

MARX, K.; ENGELS, F. **Manifesto do Partido Comunista.** Porto Alegre: L&PM, 2001.

MELLO, C. D. de A. **Curso de direito internacional público.** Rio de Janeiro: Renovar, 2004.

MERCOSUL. **Placa Mercosul.** 12 nov. 2018. Disponível em: <https://www.mercosur.int/pt-br/placa-mercosul/>. Acesso em: 9 jun. 2020.

MOREIRA, U. Teorias do comércio internacional: um debate sobre a relação entre crescimento econômico e inserção externa. **Revista de Economia Política**, São Paulo: Ed. 34, v. 32, n. 2, p. 213-228, abr./jun. 2012. Disponível em: <http://www.scielo.br/pdf/rep/v32n2/v32n2a04.pdf>. Acesso em: 9 jun. 2020.

MOTA JUNIOR, W. P. da; MAUÉS, O. C. O Banco Mundial e as políticas educacionais brasileiras. **Revista Educação e Realidade**, v. 39, n. 4, p. 967-982, out./dez. 2014. Disponível em: <http://www.scielo.br/scielo.php?script=sci_arttext&pid=S2175-62362014000400010>. Acesso em: 9 jun. 2020.

MOURY, C. A democracia na Europa. **Análise Social**, Lisboa: Fundação Francisco Manuel dos Santos, n. 224, set. 2017. Disponível em: <http://www.scielo.mec.pt/scielo.php?script=sci_arttext&pid=S0003-25732017000300011>. Acesso em: 9 jun. 2020.

NONNENBERG, M. J. B.; RIBEIRO, F. J. Análise preliminar do acordo Mercosul-União Europeia. **Carta de Conjuntura**, IPEA, Nota Técnica, n. 44, 3º trim. 2019. Disponível em: <http://repositorio.ipea.gov.br/bitstream/11058/9417/1/cc_44_nt_an%c3%a1lise_preliminar_acordo_mercosul.pdf>. Acesso em: 9 jun. 2020.

OLIVEIRA, F. C.; GOMES, E. B.; GONÇALVES, A. E. B. Migração, cidadania e direitos fundamentais na tríplice fronteira. **Revista do Direito**, Santa Cruz do Sul: Unisc, v. 3, n. 50, p. 81-97, set./dez. 2016. Disponível em: <https://online.unisc.br/seer/index.php/direito/article/view/8411/5588>. Acesso em: 9 jun. 2020.

OLIVEIRA, I. T. M. A atuação do Brasil no sistema de solução de controvérsias da OMC: o caso do contencioso do algodão contra os EUA. **Boletim de Economia e Política Internacional**, Ipea, v. 2, p. 14-28, 2010. Disponível em: <http://repositorio.ipea.gov.br/bitstream/11058/4722/1/BEPI_n2_atuacao.pdf>. Acesso em: 9 jun. 2020.

PAGLIARINI, A. C. **A constituição europeia como signo**: da superação dos dogmas do estado nacional. Porto Alegre: Lumen Juris, 2005.

PEREIRA, A. E. Três perspectivas sobre a política externa dos Estados Unidos: poder, dominação e hegemonia. **Revista de Sociologia e Política**, Curitiba: UFPR, v. 19, n. 39, p. 237-257, jun. 2011. Disponível em: <http://www.scielo.br/scielo.php?script=sci_arttext&pid=S0104-44782011000200016>. Acesso em: 9 jun. 2020.

PEREIRA, L. B. V. Acordo Mercosul-União Europeia: novas reflexões. **Conjuntura Econômica**, p. 60-65, set. 2019. Disponível em: <http://bibliotecadigital.fgv.br/ojs/index.php/rce/article/viewFile/81056/77391>. Acesso em: 9 jun. 2020.

POCHMANN, M. Capitalismo e desenvolvimento. In: **Brasil sem industrialização**: a herança renunciada [on-line]. Ponta Grossa: UEPG, 2016. p. 16-64. Disponível em: <http://books.scielo.org/id/yjzmz/pdf/pochmann-9788577982165-02.pdf>. Acesso em: 9 jun. 2020.

PRADO, L. C. D. **Globalização**: notas sobre um conceito controverso. Rio de Janeiro: IE-UFRJ, 2003.

RFKIN, J. **A terceira revolução industrial**. Tradução de Maria Lucia Rosa. São Paulo: M. Books, 2011.

SANCHEZ, M. R. Breves considerações sobre os mecanismos de participação para ONGs na OMC. **Sur. Revista Internacional de Direitos Humanos**, São Paulo, v. 3, n. 4, jun. 2006. Disponível em: <http://www.scielo.br/scielo.php?script=sci_arttext&pid=S1806-64452006000100007>. Acesso em: 9 jun. 2020.

SANTOS, B. de S. **A gramática do tempo**: para uma nova cultura política. São Paulo: Cortez, 2006.

SANTOS, B. de S.; MENESES, M. P. (Orgs.) **Epistemologias do sul**. São Paulo: Cortez, 2010.

SATO, E. A agenda internacional depois da Guerra Fria: novos temas e novas percepções. **Revista Brasileira de Política Internacional**, Brasília, v. 43, n. 1, jan./jun. 2000. Disponível em: <http://www.scielo.br/scielo.php?script=sci_arttext&pid=S0034-73292000000100007>. Acesso em: 9 jun. 2020.

SCHNERB, R. **História geral das civilizações**. São Paulo: Difusão Europeia do Livro, 1958.

SCHUTTE, G. R. União Europeia-Mercosul: um acordo regressivo. **Le Monde Diplomatique Brasil**, São Paulo, 26 jul. 2019. Disponível em: <https://diplomatique.org.br/uniao-europeia-mercosul-um-acordo-regressivo/#_ftn2>. Acesso em: 9 jun. 2020.

SCHWAB, K. **A quarta revolução industrial**. Tradução de Daniel Moreira Miranda. São Paulo: Edipro, 2016.

SEITENFUS, R. A. S. **Manual das organizações internacionais**. 5. ed. rev., atual. e amp. Porto Alegre: Livraria do Advogado, 2012.

SILVA, E. M. C. Os benefícios tributários do programa Inovar-Auto e os princípios da nação mais favorecida e do tratamento nacional: uma análise dos argumentos dos painéis atualmente em curso contra o Brasil no órgão de solução de controvérsias da OMC. **Revista de Direito Internacional**, v. 13, p. 210-234, 2016.

SILVA, G. C. da. FMI em Angola: Empréstimo a troco de quê? **Deutschelle Welle Angola**, 19 jun. 2019. Disponível em: <https://www.dw.com/pt-002/fmi-em-angola-empr%C3%A9stimo-a-troco-de-qu%C3%AA/a-49251846>. Acesso em: 9 jun. 2020.

SILVA, R. R. M.; GOMES, E. Brics as a Transregional Advocacy Coalition. **Austral Brazilian Journal of Strategy & International Relations**, v. 8, p. 25-44, 2019. Disponível em: <https://www.seer.ufrgs.br/austral/article/view/87685/52901>. Acesso em: 9 jun. 2020.

TANGREDI, S. J. (Org.). **Globalization and Maritime Power**. Oregon, USA: University Press of the Pacific, 2004.

THORSTENSEN, V. **Global Governance and Multi-Regionalism**: the Impact of Economic International Institutions – the Case of the WTO. São Paulo: IEEI, 2006.

UNIÃO EUROPEIA. **Conselho Europeu.** Disponível em: <https://europa.eu/european-union/about-eu/institutions-bodies/european-council_pt>. Acesso em: 9 jun. 2020a.

UNIÃO EUROPEIA. **Tribunal de Justiça da União Europeia (TJUE)**. Disponível em: <https://europa.eu/european-union/about-eu/institutions-bodies/court-justice_pt>. Acesso em: 9 jun. 2020b.

VARELLA, M. D. **Direito internacional público**. 7. ed. São Paulo: Saraiva Educação, 2018.

VITÓRIA, F. de. **Os índios e o direito da guerra**: de indis et de jure belli relectiones. Ijuí: Unijuí, 2006.

WINTER, L. A. C.; MONTENEGRO, J. F. Suriname e Guiana: a realidade democrática de uma outra América do Sul. In: GOMES; E. B; XAVIER, F. C. C.; SQUEFF, T. A. F. (Org.). **Golpes de Estado na América Latina e a Cláusula Democrática**. Curitiba: Instituto Memória, 2016. v. 1. p. 216-231.

Sobre o autor

Eduardo Biacchi Gomes é pós-doutor em Estudos Culturais pela Universidade Federal do Rio de Janeiro (UFRJ) – com estudos realizados na Universidade de Barcelona – e em Direitos Humanos e Políticas Públicas pela Pontifícia Universidade Católica do Paraná (PUCPR), doutor (2003) e mestre (2000) em Direito pela Universidade Federal do Paraná (UFPR), especialista em Direito Internacional (2001) pela Universidade Federal de Santa Catarina (UFSC) e graduado em Direito (1993) pela PUCPR. Desenvolveu pesquisa na Universidade de Los Andes, Chile. Foi professor permanente do quadro do Centro Universitário UniBrasil e também editor-chefe da Revista de Direitos Fundamentais e Democracia, vinculada ao Programa de Mestrado e Doutorado em Direto do Centro Universitário Unibrasil, Qualis A1, desde sua fundação. Foi ainda consultor jurídico do Mercosul entre 2005 e 2006. Atualmente, é professor titular de Direito Internacional da PUCPR e professor adjunto do curso de Direito do Centro Universitário Internacional Uninter. Tem experiência na área de direito, com ênfase em direito internacional, direito da integração e direitos humanos, atuando principalmente nos seguintes temas: blocos econômicos, direito comunitário, direito internacional público, direito da integração, Mercosul e direito constitucional.

s papéis utilizados neste livro, certificados por
ituições ambientais competentes, são recicláveis,
venientes de fontes renováveis e, portanto, um meio
responsável e natural de informação e conhecimento.

FSC
www.fsc.org
MISTO
Papel produzido
a partir de
fontes responsáveis
FSC® C103535

Impressão: Reproset
Agosto/2020